太阳能光伏产业——硅材料系列教材

光伏企业质量控制与管理

王　丽　吉春奎　主编

U0359756

化学工业出版社

·北京·

本书主要内容包括光伏企业的质量检验管理、采购质量管理、光伏企业质量抽样检验技术、光伏企业质量统计分析、光伏企业质量改进、质量管理体系的内审、光伏企业质量认证等，全书采用项目任务模式编写，实用性强，内容简洁，通俗易懂。

本书可作为高职高专、中职和技校光伏类专业的教材，也可作为自学参考用书。

图书在版编目（CIP）数据

光伏企业质量控制与管理/王丽，吉春奎主编． —北京：化学
工业出版社，2016.10（2025.2重印）
太阳能光伏产业——硅材料系列教材
ISBN 978-7-122-27864-7

Ⅰ.①光…　Ⅱ.①王…②吉…　Ⅲ.①太阳能发电-电力工业-
工业企业管理-质量管理-教材　Ⅳ.①F407.61

中国版本图书馆 CIP 数据核字（2016）第 193029 号

责任编辑：潘新文　　　　　　　　　　　　装帧设计：张　辉
责任校对：王　静

出版发行：化学工业出版社（北京市东城区青年湖南街 13 号　邮政编码 100011）
印　　装：北京盛通数码印刷有限公司
787mm×1092mm　1/16　印张 7　字数 156 千字　2025 年 2 月北京第 1 版第 3 次印刷

购书咨询：010-64518888　　　　　　售后服务：010-64518899
网　　址：http://www.cip.com.cn
凡购买本书，如有缺损质量问题，本社销售中心负责调换。

定　　价：38.90 元　　　　　　　　　　　　　　版权所有　违者必究

前言

　　光伏产业是全球能源产业的重要发展方向，具有巨大的发展潜力，也是我国具有国际竞争优势的战略性新兴产业。当前我国光伏产业发展迅猛，光伏电池制造业规模不断扩大，目前市场占有率位居世界前列。随着我国光伏产业的快速发展，相关光伏企业对人才、技术、市场和资源等的竞争日趋激烈，这类企业要想在激烈的市场竞争中取胜，必须树立"质量第一"的观念，以质量为核心，实施有效的生产管理，并积极贯彻 ISO 9000 质量管理体系标准，采取切实可行的管理方法进行质量控制与管理认证，更有效地做好与国际标准的接轨工作，并顺利实现和扩大光伏产品出口，以在市场竞争中占据主动，立于不败之地。

　　目前有关质量管理和控制的书不少，但这些书主要面向机械行业、化工行业等传统产业，而面向光伏制造行业的有关质量管理、质量控制和质量认证的专门性教材还比较缺乏。随着当前光伏产业迅猛发展，越来越多的光伏企业需要进行质量管理认证，而在许多光伏企业，这方面的职业技能人才也比较缺乏。综合以上原因，我们编写了本书。

　　本书结合光伏企业开展 ISO 9000 质量管理体系认证的基本要求，以培养高职高专学生在质量管理认证方面的相关职业技能为出发点进行编写。全书结合光伏企业管理的实际情况，以项目为载体，以光伏制造企业品质控制与管理工作过程为主线设计教学项目，采用任务分解的方式编排具体内容。书中收集了部分企业一线的质量管理案例，以便增加学生对企业质量管理的感性认识，强化实用性，让广大学生掌握基础质量管理的技术、方法和管理手段。

　　本书由乐山职业技术学院新能源系组织编写，王丽、吉春奎任主编，杨妍任副主编。在编写过程中，得到了兄弟院校同行们以及相关企业的大力支持，尤其是得到了海润光伏科技有限公司的大力协助和支持，在此表示衷心的感谢。

　　由于编写时间仓促，同时笔者的水平有限，书中难免会存在不足之处，敬请广大老师和读者不吝提出宝贵意见，以便我们在重印和修订时修改完善。

编者

2016.5

目 录

项目一　认识光伏企业质量管理

项目目标：

　　了解质量管理在光伏企业中的重要性，理解质量的定义和内涵，能对光伏产品的质量特性进行一般描述。

核心概念：

　　质量　质量缺陷　质量管理　光伏产品质量特性

任务一　认识质量及质量管理

一、质量

　　人们使用产品或接受服务时，总会提出一定的质量要求，而这些质量要求往往受到使用时间、使用地点、使用对象、社会环境和市场竞争等因素的影响，这些因素的变化会使人们对同一对象提出不同的质量要求，因此质量不是一个固定不变的概念，而是随着时间、地点、使用对象的不同而变化，也随着社会的发展、技术的进步而不断发展变化。

　　美国著名质量管理专家朱兰从顾客的角度出发，提出"产品质量就是产品的适用性"，即产品在使用时能较好地满足用户需要的程度；美国质量管理专家克劳斯比从生产者的角度出发，把质量概括为"产品符合规定要求的程度"；美国质量管理大师德鲁克认为"质量就是满足需要"；全面质量控制理论的创始人菲根堡姆认为，产品或服务的质量是指营销、设计、制造、维修中各种特性的综合体。

　　ISO 8402 中质量被定义为实体的一种属性，这种属性是指实体能满足明确的或隐含的需要。所谓满足明确的或隐含的需要，是指产品或服务要满足规定的或潜在的需要，即产品或服务具有适用性；所谓"实体"是一个广义的概念，可以指活动、过程、产品、组织等。ISO 9000：2005 把质量定义为产品的一组满足需求的固有特性，即"质量"是一个综合的概念，它是多种特性的组合。

二、质量管理

（一）质量管理的内涵

质量管理包括质量方针管理、质量目标管理、质量策划管理、质量控制管理、质量保证管理和质量改进管理等内容。质量方针是企业正式发布的总的质量管理宗旨和方向；质量目标是企业在质量方面所追求的最终要达到的目标；质量策划是指企业制订一系列作业计划和作业过程，合理调配相关资源，以确保质量目标的实现；质量控制和质量保证是企业在生产或服务过程中为保证达到质量要求所采取的全部有计划、有组织的控制方案和保证措施；质量改进是企业为了提高增值效益所采取的提高质量的过程和措施。

（二）质量管理的特性

质量管理的特性包括社会性、经济性和系统性三个方面。

所谓社会性，是指评价质量管理的好坏应当从整个社会的角度来考虑，尤其是当产品或服务关系到生命安全、环境污染、生态平衡等问题时更是如此。

所谓经济性，是指质量评价应该从成本、价格、使用价值和消耗等几方面来进行，达到合理的平衡。

所谓系统性，是指质量管理体系是一个受设计、制造、使用等多种环节和因素综合影响的复杂体系，具有多维评价目标。

（三）质量管理的原则

1. 以顾客为中心

顾客的需求是每一个企业组织存在和发展的基础和动力，顾客的要求永远都是应放在优先考虑位置的。企业应通过调查和研究及时了解、判断顾客当前和未来的需求和期望，采取有效措施加以满足和实现。

2. 领导作用

领导必须将本企业组织的宗旨、方向和内部环境统一起来，并创造环境，使员工能够充分参与，实现组织目标。为了营造一个良好的质量管理环境，最高管理者应建立质量方针和质量目标，确保建立和实施一个有效的质量管理体系，并随时将企业组织运行的结果与目标比较，根据情况决定和调整实现质量方针和目标的措施，在领导工作作风上还要做到透明、务实和以身作则。

3. 全员参与

一个企业的全体职工是企业组织之本，企业组织的质量管理不仅需要最高管理者的正确领导，还有赖于全体职工的参与。只有企业全员充分参与，才能带来最大的收益。所以企业要对职工进行质量意识、敬业精神、职业道德的教育，激发他们的积极性和责任感。

4. 过程方法

ISO 9000 族质量体系标准建立了一个过程模式，此模式把管理职责、资源管理、产品的实现和测量以及分析和改进作为体系的 4 大主要过程，并把顾客要求作为输入，把提供给顾客的产品作为输出，通过信息反馈来测定顾客满意度，评价质量管理体系的业绩。

5. 管理的系统方法

针对设定的目标，建立和实施一个由相互关联的过程所组成的质量管理体系，有助于提高企业组织的效率。建立这种体系具有三个益处：一是提高对过程及产品可靠性的信任；二是为持续改进打好基础；三是使顾客满意，最终使企业获得成功。

6. 持续改进

持续改进是企业组织的一个永恒的目标。在质量管理体系中，改进指产品质量、过程及体系的有效性和效率的提高，持续改进包括了解现状，建立目标，寻找、评价和实施解决办法，测量、验证和分析结果，把更改过程纳入文件等活动。

7. 基于事实的决策方法

对数据和信息的逻辑分析或直觉判断要以事实为依据，才能防止决策失误。在对信息和资料做科学分析时，统计技术是最重要的工具之一。统计技术可用来测量、分析和说明产品和过程的变异性，统计技术可以为持续改进决策提供依据。

8. 互利的供方关系

能否处理好与供方的关系，影响到企业组织能否持续稳定地提供顾客满意的产品。企业对供方不能只讲控制不讲合作互利。特别是对于关键供方，更要建立互利关系，这对组织和供方都有利。

三、质量管理的发展历史

质量管理的历史经历了五个发展阶段。

第一个阶段是 20 世纪初到 30 年代。这个阶段的质量管理以质量检验把关为主，从半成品或者产品中挑出废品和次品，是一种事后把关式的管理，它依靠的是检查人员的经验和责任心。

第二个阶段是 20 世纪 30 年代到 50 年代末。这个阶段是统计质量控制阶段，其特点是适应生产力大发展的要求，利用数理统计对生产过程进行分析，及时发现异常情况，进而采取处理措施，把质量检验由事后把关变成事前控制。

第三个阶段是 20 世纪 60 年代初到 60 年代中期。这时期发展到了全面质量管理阶段，其主要特点是强调质量管理从源头贯穿到售后服务的全过程，而不仅仅是只抓生产制造的质量，并且要动员全体员工来参与管理活动，以顾客为中心全面展开。

第四个阶段是 20 世纪 60 年代后期到 90 年代。这个时期发展到质量保证阶段，其主要特点是把企业质量管理方面的一切文件订成质量手册，通过程序性文件、表格来控制质量管理。

第五个阶段是 21 世纪以后，这个时期发展到零缺陷质量管理阶段，这个阶段的质量管理理论以美国的克劳斯比的管理思想为代表，他认为，抓质量主要是抓住作为最根本因素的人，只有人的素质提高了，才能真正使质量获得进步，第一次就应把事情做对，而且应把每次做对作为目标和努力方向。

思考与练习

1. 质量和质量管理的含义是什么？

2. 简述质量管理的发展历史。

3. 质量管理的八项原则是什么？

任务二 主要光伏产品的质量特性描述

光伏产业链包括硅料、铸锭（拉棒）、切片、电池片、电池组件、应用系统等6个环节，分为上游、中游、下游三部分。其中上游为硅料、铸锭、切片环节，中游为电池片、电池组件环节，下游为应用系统环节。

一、太阳能级原生多晶硅

太阳能级原生多晶硅按形状可分为块状、粒状、粉状和棒状。块状和棒状原生多晶硅外观应无色斑，无变色，无可见的污染物和氧化的外表面，无肉眼可见异物，碳头料的碳要去除干净，不能有残留。棒状原生多晶硅的直径、长度尺寸由供需双方商定，其直径允许偏差为10%。粒状原生多晶硅的直径为1~3mm。太阳能级棒状、块状原生多晶硅相关技术要求应符合表1-1的规定。

表1-1 太阳能级棒状、块状原生多晶硅的相关技术要求

项目	等级		
	1级品	2级品	3级品
N型电阻率/$\Omega \cdot cm$	$\geqslant 50$	$\geqslant 15$	$\geqslant 10$
P型电阻率/$\Omega \cdot cm$	$\geqslant 500$	$\geqslant 10$	$\geqslant 10$
氧浓度/(个/cm^3)	$\leqslant 1.0 \times 10^{17}$	$\leqslant 1.0 \times 10^{17}$	$\leqslant 1.0 \times 10^{17}$
碳浓度/(个/cm^3)	$\leqslant 2.5 \times 10^{16}$	$\leqslant 5.0 \times 10^{16}$	$\leqslant 5.0 \times 10^{16}$
N型少数载流子寿命/μs	$\geqslant 100$	$\geqslant 50$	$\geqslant 10$
基体金属杂质/$\times 10^{-6}$	Fe、Cr、Ni、Cu、Zn、Ca、Mg、Al TMI$\leqslant 0.05$	Fe、Cr、Ni、Cu、Zn、Ca、Mg、Al TMI$\leqslant 0.5$	Fe、Cr、Ni、Cu、Zn、Ca、Mg、Al TMI$\leqslant 0.5$

粉状原生多晶硅的相关技术要求应符合表1-2的规定。

表1-2 粉状原生多晶硅的相关技术要求

项目	等级		
	1级品	2级品	
P含量/$\times 10^{-6}$	$\leqslant 0.0017$	$\leqslant 0.006$	
B含量/$\times 10^{-6}$	$\leqslant 0.0005$	$\leqslant 0.027$	
氧浓度/(个/cm^3)	$\leqslant 1.0 \times 10^{17}$	$\leqslant 1.0 \times 10^{17}$	
碳浓度/(个/cm^3)	$\leqslant 2.5 \times 10^{16}$	$\leqslant 5.0 \times 10^{16}$	
基体金属杂质/$\times 10^{-6}$	Fe、Cr、Ni、Cu、Zn、Ca、Mg、Al、TMI$\leqslant 0.05$	Fe、Cr、Ni、Cu、Zn、Ca、Mg、Al、TMI$\leqslant 0.5$	

二、太阳能级铸造多晶硅块

太阳能级铸造多晶硅块外观要求无可见裂纹、崩边、崩块、缺口，有效高度$\geqslant 10cm$或由供需双方协商。太阳能级铸造多晶硅块性能要求见表1-3。

表 1-3　太阳能级铸造多晶硅块性能要求

项目	要求
电阻率/Ω·cm	0.5～3.0
导电类型	P 型
少数载流子寿命(有效寿命)/μs	≥1
氧浓度/(个/cm^3)	≤1×10^{18}
碳浓度/(个/cm^3)	≤5×10^{17}
基体金属杂质浓度/×10^{-6}	Fe、Cr、Ni、Cu、Zn TMI(Total metal impurities)总金属杂质含量≤2
硼浓度/×10^{-6}	≤0.4

太阳能级铸造多晶硅块红外探伤检测结果不可出现阴影；每块多晶硅块需测量四个侧面，阴影的尺寸不大于 5mm；侧面粗糙度 Ra≤0.2μm；相邻两面的垂直度为 90°，垂直度的角度偏差为±0.25°；倒角尺寸为（1.5±0.5）mm，倒角角度为 45°±10°，外形尺寸偏差为±0.5mm。

三、太阳能电池用多晶硅片

太阳能电池用多晶硅片外观要求表面洁净，无沾污、色斑、目视裂纹、孔洞等目视缺陷；每片不可以有超过 2 处深度＞0.5mm，长度＞1.0mm 的崩边缺陷和超过 2 处深度＞0.5mm，长度＞0.5mm 的缺角缺陷，以及超过 2 处深度＞0.5mm 的边缘缺陷，并且边缘缺陷的累积长度应≤10cm；表面应在长度 1cm 的范围内晶粒的数量≤10 个。太阳能电池用多晶硅片电阻率范围为 0.5～3.0Ω·cm，具体由供需双方协商；导电类型由供需双方协商；太阳能电池用多晶硅片的间隙氧含量应小于 1×10^{18}个/cm^3，或由供需双方协商；太阳电池用多晶硅片的代位碳含量应小于 5×10^{17} atoms/cm^3，或由供需双方协商。

四、地面用晶体硅太阳能电池

地面用晶体硅太阳能电池的颜色应均匀一致，无水痕、手印等外观缺陷，电池间无明显的色差；电池上不应存在肉眼可见的孔洞、裂纹、崩边、钝形缺口及 V 形缺口；同一片电池上出现的崩边、钝形缺口不应超过两处，且外形缺陷的长度应不大于 1.5mm，边缘向中点的深处不大于 0.5mm；电极图形完整性、电极图形尺寸及形状应符合产品详细规范的规定；电极应无变色现象；电极应具有良好的可焊性；背面铝膜的允许凸起高度应在产品详细规范中规定，铝膜的形状、图形位移应符合产品详细规范的规定；减反射膜不应出现任何脱落现象；电池的弯曲变形度、电极附着强度或电极与焊点的抗拉强度、电池隐性裂纹要有明确的规范说明；电池性能参数（包括但不限于：开路电压、短路电流、填充因子、最大功率、转换效率、低辐照度性能）、温度系数（包括但不限于：短路电流温度系数、开路电压温度系数和最大功率温度系数）、电池最大功率光衰减比率应符合产品详细规范的规定。

五、地面用晶体硅太阳能电池组件

对于地面用晶体硅太阳能电池组件，不同企业可根据客户需要制定相应的企业标准。

1. 外观质量要求

表1-4列出了部分外观要求。

表1-4　地面用晶体硅太阳能电池组件外观要求

项目	外观要求
电池片色差	同一个组件上的电池片颜色应均匀一致,无明显色差
电池片裂纹	无裂纹或破碎
电池片崩边及缺口	电池的崩边宽度小于1mm,缺口长度小于3mm,宽度小于1mm的非尖锐缺口每片不超过1处
电池片规格	同一个组件上不允许同时出现两种或两种以上规格电池片
电池片的排列	均匀
电池片上的斑痕	电池片上无助焊剂斑痕或其他明显斑痕
气泡和脱层	气泡和脱层不得使组件边缘与电池片或内部导电体之间形成连通
杂质和异物	无明显异物杂质
钢化玻璃外观	无明显划伤,无污物
带电体与钢化玻璃边缘距离	≥11mm
接线盒外观	接线端子完整,粘结胶均匀
背面鼓包	背面不允许有中空鼓包
背板外观	无破坏性划伤,允许存在由内部引线引起的凸起
铝材外观	颜色均匀一致,无明显划伤、磕伤
密封材料外观	干净、整洁
标识	每个组件都应有清晰且擦拭不掉的标识(每块组件必须有序列号)

2. 尺寸要求

两对角线的允许差值应在理论对角线尺寸的3‰以内。其他未作规定的尺寸要求应由供需双方协商后在产品详细规范中规定。

3. 电性能要求

组件绝缘电阻应不小于40MΩ。对组件施加四倍最大系统电压,再施加上2kV直流电压,持续一分钟,组件应无绝缘击穿或表面破裂现象。在标准测试条件下,组件额定峰值功率<100W时,额定功率公差应不超过±5%;组件额定峰值功率≥100W时,额定功率公差应不超过±3%。

另外温度系数、额定工作温度、组件低辐照度下的性能等应在产品详细规范中规定,并且厂家应提供真实有效的数值。温度系数至少应包括开路电压温度系数,短路电流温度系数,额定功率温度系数。低辐照度至少应包括四种,即200W/m²、400W/m²、600W/m²、800W/m²。

表 1-5 列出了某企业的太阳能电池组件质量特性。

表 1-5 某企业的太阳能电池组件质量特性

质量项目		特性值描述
尺寸	长、宽/mm	156±0.5
	厚/μm	200±20
	对角线/mm	219.21±0.6
	TTV	TTV 的变化量小于电池片标称厚度的 15%
外观	颜色、色差	1. 单体电池的颜色均匀一致 2. 颜色范围从浅蓝色、蓝色、深蓝色、红色、黄褐色到褐色依次排列,允许存在相近色的色差,单体电池最多只允许存在 2 种颜色 3. 浅蓝色、蓝色、深蓝色等需要区分独立包装
	绒面色斑	允许有轻微缺陷(水痕印,手指印,未制绒、未镀膜),缺陷部分的总面积不超过电池片总面积的 10%,个数不超过 3 个
	亮斑	无论形状和数量多少均不允许有亮斑
	裂纹,裂痕	无裂纹裂痕
	弯曲度/mm	≤2.5
	崩边、缺口、掉角	不允许有三角形缺口和尖锐形缺口,对于非三角形缺口和非尖锐形缺口的要求如下: (1)电池边缘崩边和缺口,长度≤3mm,深度≤0.5mm,数量≤2 处 (2)四角缺口:尺寸≤1.5mm×1.5mm,数量≤1 处 (3)细长形缺口:长度≤10mm,深度≤0.5mm,数量≤1 处,以上缺口均不可过电极(主栅线、副栅线)
	硅晶脱落	硅晶脱落面小于 0.5mm×0.5mm,数量≤3 处
	印刷偏移	位移偏差≤0.75mm 角度偏差≤0.5° 电极图形不超出电池边缘
	铝珠、铝苞	铝苞高度范围为 40~150μm,不允许有铝珠
	针孔	无论形状、尺寸、大小如何均不允许有针孔
	漏浆	在印刷图形上时,按照印刷图形规定进行,不在印刷图形上时,单处漏浆面积小于 0.5mm×0.5mm,数量小于 3 处;在背电场、背电极时,依据铝苞要求判定;在侧电时,如果影响电池片电性能和外观时,则返工后重新分类检测,然后重新判定,如果不影响电池片电性能和外观时则正常流出
	印刷图形	1. 主栅线允许有轻微断线、缺失、扭曲、突出,断线、缺失面积不超过主栅线面积的 5%,扭曲、突出不超过正常位置的 0.2mm,不允许有变色现象(烧焦、发黄等) 2. 副栅线允许粗细不均匀,存在宽度大于 0.10mm,小于 0.12mm 的副栅线,断栅线≤6 条,断线距离≤1mm,允许有轻微虚印、缺印,面积小于电极总面积的 5% 3. 背电极允许有轻微断线、缺失、扭曲、突出,断线、缺失面积不超过背电极面积的 5%,扭曲、突出不超出正常位置的 0.5mm。变色面积不超过背电极总面积的 5% 4. 背电场完整、厚薄均匀,允许有缺失,缺失面积不超过背电场总面积的 5%;变色面积不超过背电场总面积的 15% 5. 粗点宽度≤0.18mm,个数小于 2 个 6. 不允许印刷图形只经过印刷烘干未经烧结的现象
性能	转换效率	标称效率±0.2%
	电极附着力/g	≥300
	并联电阻/Ω	≥6

1. 简述光伏产品质量标准与光伏产品质量特性的区别与联系。
2. 简述硅片、原生多晶硅料、晶体硅光伏组件的质量特性。

项目二　采购质量管理

项目目标：

通过本项目的学习，树立光伏企业采购质量管理理念，掌握采购质量管理的程序和原则，能正确地选择供应商并对供应商的供应能力进行质量考核评价。

核心概念：

供应商　潜在供应商　现有供应商　供应商管理

任务一　供应商的选择

目前我国的光伏产业已形成包括多晶硅制造、硅片生产、太阳能电池制造、组件封装以及系统应用的完整产业链，并形成以此为核心的完整供应链。产业链上游为太阳能级多晶硅生产企业，中游为硅片生产企业、电池片生产企业，下游为电池组件、系统制造企业。光伏企业必须加强对采购质量的管控，合理选择供应商，建立起稳定的供应合作关系，谋求稳定的产品质量。光伏产业的供应商关系如图2-1所示。

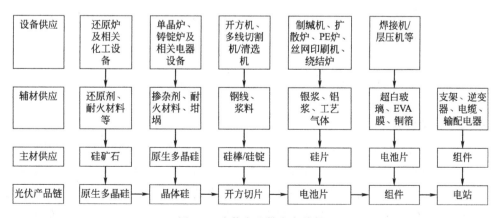

图 2-1　光伏产业供应商关系

晶体硅材料成本占太阳能硅片产品总成本一半以上，且受市场供给情况影响较大，价格波动剧烈。因此对硅料供应商进行管理，建立战略合作关系，具有重大意义。目前国内光伏企业主要通过三种方式获取晶体硅原材料：一是纵向一体化方式，企业自己投资建厂提炼高纯多晶硅；二是与硅材料供应商签订长期供应合同的方式，即供应商与制造商为稳定供应，按照"双赢"原则，确定优先、长期合作的对象；第三种为传统企业关系，属于短期行为，关系常受到市场影响，交易成本也较高。

国内目前硅锭制造技术、切片技术和清洗技术都较为成熟，但与国际水平相比，仍停留在引进、消化、吸收层面，自主研发能力较弱，不利于产业长期发展。在整个光伏产业链中，组件制造产业由于投资少、建设周期短、技术和资金门槛低、最接近市场，吸引了大批生产企业，是光伏产业链中发展最快的环节之一。大多数组件厂家通过签订长期协议的方式进行采购，也有部分厂家通过用硅片换购的方式采购电池片。大部分制造企业与供应商之间属于传统买卖关系，仅有少数组件企业与供应商建立了战略合作关系，如无锡尚德，由于产能巨大，原材料需求大，无锡尚德与电池片、背板等原材料供应商建立了良好的战略合作关系。

供应商的选择会受到以下各种因素的影响。

1. 质量因素

质量是企业的生存之本，产品的使用价值是以产品质量为基础的，它决定了最终消费品的质量，影响着产品的市场竞争力和占有率。因此，质量水平是选择供应商时应考虑的一个重要因素。

2. 价格因素

原料价格低，意味着企业可以降低其生产经营的成本，对企业提高竞争力和增加利润有着明显的作用，是企业选择供应商时应考虑的重要因素。但是价格最低的供应商不一定就是最合适的，还需要考虑产品质量、交货时间以及运输费用等诸多因素。

3. 交货准时性因素

能否按约定时间和地点将产品准时供应到企业，直接影响企业生产和供应活动的连续性，也会影响各级供应链的库存水平，继而影响企业对市场的反应速度，打乱生产商的生产计划和销售商的销售计划。

4. 品种柔性因素

要想在激烈的竞争中生存和发展，企业生产的产品必须多样化，以适应消费者的需求，达到占有市场和获取利润的目的。而产品的多样化是以供应商的品种柔性为基础的，它决定了消费品的种类。

5. 其他影响因素

其他因素包括设计能力、特殊工艺能力、整体服务水平、项目管理能力等因素。

供应商选择的基本准则是坚持质量、成本、交付与服务并重的原则。其中质量因素是最重要的，首先要确认供应商是否建立了一套稳定有效的质量保证体系，然后确认供应商是否具有生产所需特定产品的设备和工艺能力。其次是成本与价格，要运用价值工程的方法对所涉及的产品进行成本分析，并通过双赢的价格谈判实现成本节约。在交付方面，要确定供应商是否拥有足够的生产能力，人力资源是否充足，有没有扩大产能的潜力。最后一点，也是非常重要的，是供应商的售前、售后服务的记录。

在我国，光伏产业发展不平衡和行业波动大决定了光伏企业之间的供应合作管理难度较大。例如国内光伏发电组件厂家必须与传统电力集团建立战略合作关系，才能解决并网发电问题，但国内新能源发电市场一旦打开，势必会影响传统电力集团的利益，因此寻找利益均衡点是建立战略合作关系的关键。

供应商在供应链中担负重要角色，供应商的选择机制是多元化的，因此企业的决策者选择供应商时要因地制宜，对企业所处的内外环境进行详细的分析，根据企业的长期发展战略和核心竞争力选择适合本企业或本行业的合作关系，制定相应的实施步骤和实施规则。不同的企业在选择供应商时所采用的具体步骤会有所差别，但基本步骤都应包含下列几个方面，如图 2-2 所示。

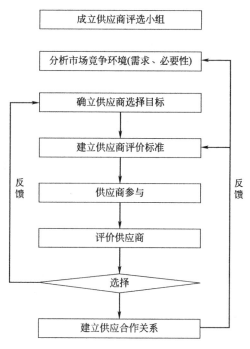

图 2-2 供应商选择步骤

1. 成立供应商评选小组

企业需成立一个专门的小组来组织实施供应商评价，这个小组的组员以来自采购、质量、生产、工程及与供应链合作关系密切的部门为主。小组组员必须要有团队合作精神，还应具备一定的专业技能。评选小组必须同时得到采购方和供应方最高领导层的支持。

2. 分析市场竞争环境

企业必须知道现在的产品需求是什么、产品的类型和特征是什么，确认是否有必要建立供应关系。如果已经建立供应关系，需要根据需求的变化确认供应合作关系的变化，分析现有供应商的现状，总结企业存在的问题。

3. 确立供应商选择目标

供应商评价和选择不是一个简单的过程，它是企业自身的一次业务流程重构过程，因此在选择供应商时必须建立实质性的目标。

4. 建立供应商评价标准

供应商评价指标体系是企业对供应商进行综合评价的依据和标准。供应商的评价标准应涉及以下几个方面：供应商业绩、设备管理、人力资源开发、质量控制、成本控制、技术开发、客户满意度、交货协议等。根据企业实际状况和选择供应商的时间跨度的不同，对供应商的要求也有所不同。供应商评价标准按时间的长短分别有短期标准和长期标准。短期标准包括商品质量、成本、交货、安装服务、培训服务、维修服务、升级服务、技术支持服务、履行合同的能力等；长期标准包括供应商质量管理体系是否健全、供应商内部机器设备是否先进以及保养情况如何、供应商的财务状况是否稳定、供应商内部组织与管理是否良好、供应商员工的状况是否稳定等。

5. 供应商参与

一旦企业决定进行供应商评选，评选小组应尽可能地让供应商参与并评选设计过程，判断他们是否有获得更高业绩水平的愿望。

6. 评选供应商

评选供应商主要工作是调查、收集有关供应商的生产运作等全方位的信息，并在收集供应商信息的基础上，利用一定的工具和技术方法进行供应商进行评选。

7. 实施供应合作关系

在实施供应合作关系的过程中，市场需求会不断变化，因此企业可以根据实际情况的需要及时修改供应商评选标准，或重新进行供应商评估选择。在重新选择供应商的时候，应给予新旧供应商以足够的时间来适应变化。

目前，可用于供应商选择的技术方法主要分为三类：定性方法、定量方法及定性与定量相结合的方法。具体有直观判断法、考核选择法、招标选择法、协商选择法、ABC 成本法、线性规划法、层次分析法、模糊综合评判法、神经网络法、TOPSIS 法、数据包络分析法、成分分析法、灰色综合评价法以及这些方法的综应用等，光伏企业可以根据自己的实际情况选择其中的一种或几种方法加以应用。下面介绍常用的几种方法。

1. 直观判断法

直观判断法是通过调查、征询意见、综合分析和判断来选择供应商的一种方法，是一种主观性较强的判断方法，主要是倾听和采纳有经验的采购人员的意见，或者直接由采购人员凭经验作出判断。这种方法的质量取决于对供应商资料掌握得是否准确、齐全和决策者的分析判断能力与经验。这种方法简单、快速，但是缺乏科学性，受掌握信息的详尽程度限制，常用于选择企业非主要原材料的供应商。

2. 考核选择法

考核选择法是在对供应商充分调查了解的基础上进行认真考核、分析比较而选择供应商的方法。供应商的调查分为初步调查和深入调查两个阶段，而每个阶段的调查都有一个供应商筛选的过程，但选择的目的和依据是不同的。初步调查对象的选择非常简单，基本依据就是其产品的品种规格、质量、价格水平、生产能力、运输条件等，在条件合适的供应商中所选择出的几个就是初步调查的对象。深入调查对象的选择是基于对企业的关键产品、重要产品有重要影响的供应商，对这些供应商要进行深入考察，选择标准主要是企业的实力、产品的生产能力、技术水平、质量保障体系和管理水平等。

在对各个评价指标进行考核评估之后，还要进行综合评估。综合评估就是把各个指标进行加权平均计算，得到一个综合成绩，可以用下式计算：

$$S = \sum W_i P_i / \sum W_i \times 100\%$$

式中，S 是综合指标；P_i 是第 i 个指标；W_i 是第 i 个指标的权数，根据各个指标的相对重要性设定。S 作为供应商表现的综合描述，值越高，供应商表现就越好。通过试运行，得出各个供应商的综合成绩后，基本上就可以最后确定供应商了。

3. 招标选择法

当采购物资数量大，供应市场竞争激烈时，可以采用招标方法来选择供应商。采购方作为招标方，事先提出采购的条件和要求，邀请众多供应商参加投标，然后由采购方按照规定的程序和标准从中一次性地择优选择交易对象，同提出最有利条件的投标方签订协议，整个过程要求公开、公正和择优。

4. 协商选择法

在可选择的供应商较多，难以选择供应厂商时，可以采用协商选择方法，即由采购单位选出供应条件较为有利的几个供应商，同他们分别进行协商，再确定合适的供应商。和招标选择法相比，协商选择法因双方能充分协商，因而在商品质量、交货日期和售后服务等方面较有保证，但由于选择范围有限，不一定能得到最便宜、供应条件最有利的供应商。当采购时间较为紧迫，投标单位少，供应商竞争不激烈，订购物资规格和技术条件比较复杂时，协商选择方法比招标选择方法更为合适。

选择供应商时应注意以下问题。

1. 自制与外包采购

一般情况下，外包的比例越高，则选择供应商的机会越大。应以能够进行分工合作的专业厂商为主要选择对象。通过外包，企业可以将精力集中于核心能力上，避免了精力分散。

2. 单一供应商与多家供应商

单一供应商是指某种物品集中由一家供应商供应。这种方式的优点是供需双方的关系密切，购进物品的质量一般比较稳定，采购费用低；缺点是无法与其他供应商相比较，容易失去质量、价格方面更有利的供应商，采购的机动性小。另外如果供应商出现问题，则会影响本企业的生产经营活动。多家供应商是指企业向多家厂商订购所需的物品，其优缺点正好与单一供应商相反。

3. 国内采购与国际采购

选择国内的供应商，价格一般比国外的低，由于地理位置近，可以实现准时生产或者零库存策略；选择国际供应商，则可以采购到国内企业无法生产的物品，企业可以借机提升自身的技术含量，扩大供应来源。

4. 直接采购与间接采购

如果是大量采购，或者所需物品对企业生产经营影响重大，则应该采用直接采购，以避免中间商加价，降低成本；如果采购数量少或者采购物品对生产经营活动影响不大，则可以采用间接采购，节省企业的采购精力与费用。

目前，我国许多企业在选择供应商时相关机制不完善，缺乏科学选择供应商的方法，在大多数项目中，选择供应商时更多的是参考供应商自身提供的各类书面文字材料和自我介绍，以及供应商在市场上的口碑，或凭个人主观臆想选择供应商，因而在选择供应商时人为因素比较大。另外，在选择供应商的标准方面，目前企业的选择标准多集中在供应商的产品质量、价格、柔性、交货准时性、提前期和批量等方面，没有形成一个全面的供应商综合评价指标体系，不能对供应商做出全面、具体、客观的评价，此类问题要尽量避免。

思考与练习

1. 请列出晶体硅太阳能电池生产商选择硅片供应商时应考虑的因素。
2. 绘制出晶体硅太阳能电池生产商选择硅片供应商的工作流程图。
3. 列举光伏产业将供应商作为战略合作伙伴的成功案例并进行分享讨论。

任务二　供应商的评审与考核

供应商评审的内容包括如下几个方面。

1. 产品层次

主要是确认供应商的产品质量，包括对正式产品或样品以及供货过程中的来料进行质量检查。

2. 工艺过程层次

包括对供应商工艺过程的评审，以及在供应过程中因质量不稳定而进行的供应商现场工艺确认与调整。

3. 质量保证体系层次

是对供应商的整个质量管理体系和管理过程，参照 ISO 9000 标准或其他质量体系标准而进行的审核。

4. 公司层次

这是供应商审核的最高层次，不仅要评审供应商的质量体系，还要审核供应商的经营管理水平、财务与成本控制、计划制造系统、设计工程能力等各主要管理过程。

供应商的评审方法主要有两种：一是主观法，是指根据个人的印象和经验对供应商进行评判，评判的依据十分笼统；二是客观法，是依据事先制定的标准或准则对供应商情况进行量化考核、审定，包括按调查表调查、现场打分评比、供应商表现考评、供应商综合审核等。

供应商考核的重点是对具有合作关系的供应商的绩效进行考评。最简单的做法是仅衡量供应商的交货质量，成熟一些的做法是除考核质量外还要考核供应商的交货表现，较先进的考核系统则进一步扩展到对供应商的支持与服务、供应商参与本公司产品开发等方面的考核。

供应商产品质量指标是供应商考评的最基本指标，包括来料批次合格率、来料抽检缺陷率、来料在线报废率、供应商来料免检率等。供应服务质量指标的考核主要在准时交货率、交货周期、订单变化接受率等方面。供应商的经济指标考核包括价格水平、运输成本、报价及时性、成本降低态度等方面。其他服务指标还包括反应能力、沟通能力、合作态度、改进及时性、协作开发性等。

根据考核结果可将供应商分为正常状态供应商、警告状态供应商、开除状态供应商等几类。

表 2-1 是某企业的供应商考核表。

表 2-1　供应商考核表

供应商				
考核级别	□ A 级季度考核 　　□ B 级半年度考核 　　□ C 级年度考核			
考核起止日期	年　　月　　日至　　年　　月　　日			
供应产品				
供应概况	供应共　　批,其中合格　　批,准时交货　　批,不准时交货　　批。			
序号	考核项目	额定分	扣分方法	实得分	扣分原因
1	供货质量	30 分	a)每让步接受一批货扣 2～5 分 b)每退换货一次扣 5～10 分 c)每影响一次正常生产扣 10～15 分		
2	交货准时性,数量准确性,品种正确性	15 分	a)每迟交一批货扣 1～3 分 b)若因迟交影响正常生产每批扣 5～10 分 c)未经同意交货提前一批扣 1～3 分 d)数量不符,品种交错每批扣 2～5 分		
3	服务提供和支持能力	10 分	a)反映问题未处理妥善每次扣 1～3 分 b)未按要求及时来处理每次扣 2～5 分 c)未处理每次扣 3～5 分		
4	价格优势	15 分	a)价格无优势扣 2～5 分 b)价格优势不明显扣 2～5 分 c)市场价格下降时不主动下调扣 2～5 分		
5	自我改进能力	10 分	同样的质量问题每重复一次扣 1 分		
6	质量管理体系	10 分	a)体系不健全扣 2～5 分 b)体系运转不正常,有效性差扣 2～5 分		
7	环境保护	10	a)环境保护差扣 5～10 分 b)环境保护一般扣 2～5 分		
8	合计	100 分	★★★★★★★★★★★★★★★	★★★★ ★★★★	
合计实得分标准	90 分及以上为优级;90～85 分为较好;80～65 分为合格;60～55 分为轻微不合格;50 分以下为严重不合格				
考核结果	优级 □ 　　较好 □ 　　合格 □ 　　轻微不合格 □ 　　严重不合格 □				
考核不合格处理	留用观察 □ 　　取消供应资格 □		总经理签批	
考核人 (签名)			考核日期	

思考与练习

1. 选择供应商时侧重从哪些因素考虑？
2. 为一家太阳能电池制造企业设计一份硅片供应商的评审表。
3. 为一家组件制造商设计一份电池片供应商的供应绩效考核表。

项目三　光伏企业的质量检验管理

项目目标：

掌握质量检验的基本概念和基本要点，能对光伏企业的来料和在线产品质量进行检验控制管理并制定相应的工作方案。

核心概念：

质量检验　检验规范　来料检验控制（IQC）　制程控制（PQC）

任务一　认识质量检验

一、与质量检验有关的定义

1. 检验

检验是通过观察和判断，必要时结合测量、试验，对产品或服务进行的标准符合性检查、评价。对产品而言，是指根据产品标准或检验规程对原材料、中间产品、成品进行观察，适当时进行测量或试验，并把所得到的特性值和规定值作比较，判定出各个物品或成批产品合格与不合格的技术性检查活动。

2. 检测

检测是在测量和控制过程中，搜集或获取信息的全部操作。检测结果应记录在案，通常采用检测报告或检测证书等方式。

3. 试验

试验是为了察看某种事物的实际情况或性能而从事的某种活动。

4. 验证

验证是对规定的要求是否已经得到满足提供客观证据。

二、质量检验的基本要点

一种产品，为满足顾客要求或符合政府法律、法规的强制性规定，企业都要对其有关技术性能、安全性能、互换性能及对环境影响的程度等多方面的指标做出规定，这些规定组成对产品相应质量特性的要求。不同的产品有不同的质量特性要求，同一产品的用途不同，其质量特性要求也会有所不同。

对产品的质量特性要求一般都转化为具体的技术要求，并在产品技术标准国家标准、行业标准、企业标准和相关的产品设计图样、作业文件或检验规程中明确规定，成为质量检验的技术依据和检验后比较检验结果的基础，经对照比较，确定每项检验的特性是否符合标准和文件规定的要求。

产品质量特性是在产品实现过程中形成的，是由产品的原材料、构成产品的各个组成部分的质量决定的，并与产品实现过程的专业技术、人员水平、设备能力甚至环境条件密切相关。因此，不仅要对过程的作业操作人员进行技能培训、上岗合格培训，对设备能力进行核定，对环境进行监控，明确规定作业工艺方法，必要时对作业工艺参数进行监控，而且还要对产品进行质量检验，判定产品的质量状态。

质量检验是对产品的一个或多个质量特性通过技术手段和方法进行观察、试验、测量，取得证实产品质量的客观证据。质量检验需要有适用的检测手段，包括采用各种计量检测器具、仪器仪表、试验设备等，并且实施有效控制，保证所需的准确度和精密度。

质量检验的结果要依据产品技术标准和相关的产品图样、过程工艺文件或检验规程进行对比，判别每项质量特性是否合格，从而对单件或批量产品质量进行判定。

三、质量检验的主要功能

（一）鉴别功能

根据技术标准、产品图样、作业工艺规程或订货合同的规定，采用相应的检测方法观察、试验、测量产品的质量特性，判定产品质量是否符合规定的要求，这是质量检验的鉴别功能。"鉴别"是"把关"的前提，通过鉴别才能判断产品质量是否合格。不进行鉴别就不能确定产品的质量状况，也就难以实现质量"把关"。鉴别主要由专职检验人员完成。

（二）"把关"功能

质量"把关"是质量检验最重要、最基本的功能。产品实现的过程往往是一个复杂过程，影响质量的各种因素，如人、机、料、法、环都会在这过程中发生变化和波动，各过程工序不可能始终处于等同的技术状态，质量波动是客观存在的。因此，必须通过严格的质量检验，剔除不合格品并予以"隔离"，做到不合格的原材料不投产，不合格的产品组成部分及中间产品不转工序、不放行，不合格的成品不交付销售、使用，严把质量关，实现"把关"功能。

（三）预防功能

现代质量检验不单纯是事后"把关"，还同时起到预防的作用。无论是测定过程工序能力或使用控制图，都需要通过产品检验取得一批或一组数据，但这种检验的目的不是为了判定这一批或一组产品是否合格，而是为了计算过程工序能力的大小和反映过程的状态是否受控。如发现能力不足，或通过控制图发现了异常因素，需及时调整或采取有效的技术和组织措施，提高过程工序能力或消除异常因素，恢复过程工序的稳定状态，以预防不合格品的产生。当一个班次或一批产品开始进行作业加工时，一般应进行首件检验，只有首件检验合格才能正式生产。此外，当设备进行了调整，重新开始作业加工时，也应进行首件检验，其目的也是预防出现成批不合格品。正式投产后，为了及时发现作业过程是否发生了变化，还要定时或不定时到作业现场进行巡回抽查，一旦发现问题，可以及时采取措施予以纠正。对原材料和外购件的进货检验，以及对中间产品的检验，既起把关作用，又起预防作用，对前道工序的把关，对后道工序就是预防。可以应用现代数理统计方法对检验数据进行分析，找到质量变化的特征和规律，利用这些特征和规律就能采取相应措施，改善质量状况，预防不稳定生产状态的出现。

（四）报告主要内容

为了使相关管理部门及时掌握产品生产过程中的质量状况，评价和分析质量控制的有效性，应把检验获取的数据和信息进行汇总、整理、分析，然写成报告，为质量控制、质量改进、质量考核以及管理决策提供重要依据。质量报告的主要内容包括：

① 原材料、外购件、外协件进货验收情况和合格率；

② 过程检验、成品检验的合格率、返修率、报废率和等级率，以及相应的废品损失金额；

③ 按产品具体组成部分（如零部件或作业单位）划分统计的合格率、返修率、报废率及相应废品损失金额。

四、质量检验的依据

（一）标准

标准是对重复性的事物或概念所做的统一规定，它以科学技术和实践经验的综合成果为基础，经相关各方协调一致，由主管机构批准，以特定形式发布，作为共同遵守的准则和依据。企业组织可引用国际标准、国家标准、行业标准或企业自己制定的标准。

目前，国际光伏产业实际执行标准主要有 IEC 标准和 SEMI 标准。IEC 设有太阳光伏能源系统技术委员会，主要侧重于基础通用标准和光伏器件、组件及系统的技术要求和试验方法，以及光伏技术在农村电气化中的应用。SEMI 主要关注光伏制造设备和材料，SEMI 标准包括规范、指南和测试方法三种。

目前，我国已参与国际光伏标准的制定工作，但尚处于起步阶段，国内光伏产业标准体系总体上还不完善，很多标准需要开展大量相关工作进行完善，以适应产业的进一步发展。中国光伏产业联盟标准化工作组按照光伏产业从原料生产、电池制造、组件封装、光伏系统到并网发电这一产业链结构，制订了光伏发电及产业化标准体系。该体系共分为基础通用标准、光伏材料、光伏制造设备、光伏电池和组件、光伏通用部件、光伏独立系统及部件、光伏并网系统及部件标准等 7 个主要部分，并根据我国光伏发电及产业化标准体系的总体情况，将每个部分进行详细分类，基本涵盖了目前光伏产业从多晶硅生产到系统集成和发电的整条产业链。

（二）产品图样

产品图样是能够准确地表达产品形状、尺寸及其技术要求的图形，它对保证产品质量起着决定性作用，是制造产品的主要依据。一般来说，没有经过三级审签、工艺和质量会签及标准化检查的图样都不能算是现行有效的图样，是不能作为检验依据的。

（三）工艺文件

在工业生产领域，从原材料投入开始，到组装为产品的整个过程称为工艺过程。而加工制造的各个工艺过程要依靠各种工艺技术资料的指导来完成，这种工艺技术资料统称为工艺文件。

工艺文件是实现产品设计、保证产品质量、提高生产效率、节约能源、降低消耗的重要技术手段之一，也是企业进行生产准备、计划调度、加工制造、安全生产、质量检验和组织劳动的技术依据。企业的整个生产活动始终贯穿着工艺技术，因此对工艺的管理是企业管理的重要组成部分。工艺水平的高低是衡量企业和企业产品质量的标志。

（四）订货合同

产品在检验、验收时，如果标准中的规定满足不了使用要求，或者有特殊需要，供需双方可以协商签订订货合同，作为生产与检验验收的依据。

（五）标准样件

标准样件的选择应由供需双方共同认可。标准样件的认定和管理也应有严格的制度保证。标准样件应由技术负责部门会同质量管理、质量检验部门及生产部门，按产品图样、技术条件的要求选定，经总工程师（或总质量师）会同订货方代表同意并签字生效后才能使用。标准样件选定后，应交由质量检验部门编号、挂牌，妥善保管，并编制标准样件目录，建立台账，进行注册管理，定期检查。

五、质量检验的分类

（一）按生产流程分

1. 进料检验

进料检验是由接收者对原材料、半成品、外购件、外协件等进行检验，进料检验包括首件检验和成批检验两种。

① 首件检验。首件检验的目的是通过检验对供货单位提供的产品的质量水平进行了解，以便确立具体的验收标准，为今后成批产品的验收建立质量水平标准。

② 成批检验。成批检验的目的是为了防止不符合要求的成批产品进入生产过程，避免打乱生产秩序或影响产品质量。

进料检验必须在入库前及投产前进行。

2. 工序间检验

工序间检验是判断在制品能否由上一道工序转入下一道工序所进行的检验，其目的是为了防止不合格品流入下道工序。工序间检验不仅要检验产品，还要检验与产品质量有关的各项因素（影响质量的五大要素：人、机、料、法、环），并可以根据受检产品的质量状况对工序质量稳定状况做出分析和推断，以判定影响产品质量的因素是否处于受控状态。逐道工序检验对保证部件和装配的质量有效的，但检验工作量比较大，因此，除重要的零部件制造工序外，可以在数道工序完成后进行一次性检验。

进行工序间检验特别要搞好首件检验。对生产开始时和工序要素变化后的首件产品进行的检验称为首件检验。首件检验不合格，不得继续进行成批加工。

应进行首件检验的包括如下产品。

① 刚上班或换班后加工出来的第一件产品。

② 调整设备后加工出的第一件产品。

③ 改变原材料后加工出的第一件产品。

④ 调整或更换工艺后出来的第一件产品。

⑤ 改变工艺参数或操作主加工出的第一件产品。

对首件检验出现的质量问题，应立即查明原因并采取相应措施，对生产过程中的有关因素加以调整或改进，将不正常因素排除后再生产，生产后仍然要进行首件检验，首件检验可以起到预防作用，防止批量不合格品产生。

3. 最终检验

最终检验是产品制造、返修或调试完成后所进行的检验。最终检验又叫做出厂检验，它是产品入库所进行的一次全面检查。出厂检验的目的是防止不合格品入库和出厂，以保证用户的正常使用，避免给企业的声誉带来不应有的损失和影响。

（二）按检验体制分

1. 自检

自检是指生产工人在生产过程对自己所加工或装配的零部件或产品进行检验。

通过自检，可以有效地判断本道工序的质量，以及与图样、工艺技术标准的符合程度，从而决定是否继续加工厂或调整机器。习惯上常说"合格的产品制造出来的"，意义也在于此。在自检工作中，操作工人应行"三自一控"，即"自检"、"自分"、"自盖工号"，控制自检的准确率。

2. 互检

加工操作工人之间的相互检验叫互检。习惯上常说的"下道工序就是用户"，就是说下道工序检验上道工序的质量，即属于互检的范围。

3. 专检

由专职质检 QC 进行的检验称为专检。由于专检部门直属厂长或经理领导，检验工具有较高的技术水平，检验工作不受其他因素干扰，所以，专检具有判定产品质量的权威性。

（三）按检验地点分

1. 固定检验

在固定地点设置检验站（组、台），操作者将自己加工完了的产品送到检验站（组、台），由专职质检 QC 进行检验。

2. 巡回检验

巡回检验是在制造过程中进行的定期或随机检验，目的是能及时发现质量问题。巡回检验是抽检的一种形式。巡回检验要深入到机台进行检验，这要求质检 QC 熟悉产品的特点、加工过程、装配调试技术、必备的检验量具及技术文件、质量记录表单等。不仅如此，还要求质检 QC 有比较丰富的工作经验，较高的技术水平，能及时发现质量问题，深入分析工艺、工艺装备及操作技术等各方面对产品质量的影响。

在巡回检验中的注意事项：深入现场，了解情况。质检 QC 在巡回检验工作中，必须深入机台，了解质量情况，仔细观察生产工人的操作及工具、夹具、设备的情况，检查产品质量是否满足工艺要求、技术标准及产品图样要求。

发现生产工人加工的产品不合格时，质检 QC 应查明原因，做好质量分析工作。

巡回检验时，发现质量问题应及时进行处理，通知生产工人，以便迅速采取措施，及时分析产生的原因，防止问题再次发生。

（四）按检验目的分

1. 生产检验

生产检验是由企业的质检部门按图样、工艺和技术标准对原材料、半成品进行的检验，目的是使生产单位能及时发现生产中人、机、料、法、环诸因素对产品质量的影响，防止不合格品出厂或流入下道工序。

2. 验收检验

验收检验是买方或使用单位（用户）为了保证买到满意产品，按照国家（国际）现行的技术标准或合同规定而进行的检验。

3. 监督检验

监督检验是检验的再检验。

4. 仲裁检验

当买卖（供需）双方之间发生质量纠纷时，经申诉后由国家指定的产品质量监督检测机构对产品质量进行的检验。

5. 按检验数量分

① 全数检验　全数检验是对一批产品中的所有产品逐个进行检验，做出合格与否的判定。

② 抽样检验　抽样检验是根据抽样方案，从一批产品中随机抽取一部分产品，按产品图样、工艺、技术标准要求进行检验，做出该批产品合格与否的判定。

③ 免检　免检是在有足够的证据证明产品质量合格而且稳定的情况下，不需要质检 QC 对产品质量进行检验。

六、编制检验规程技术文件

检验规程是指产品要检验哪些内容、怎么抽样、怎么检验、怎样判断合格、怎样出具检验报告的规范性文件。

检验规程的内容应包括检验目的、适用范围、检验仪器设备、检验项目（外观、尺寸、性能、包装及技术要求）、检验记录、审批流程等。

检验规范与检验作业指导书相似，但本质不同，检验规范重点是对所检验产品的质量标准加以界定，对产品缺陷加以描述，对合格与不合格加以判定；检验作业指导书重点是对检验员在操作过程中的操作方法、操作流程、注意事项等进行规定。在企业中针对具体的检验项目更多的是编制检验作业指导书。

思考与练习

1. 收集整理国家对于硅片、晶体硅太阳能电池、晶体硅电池组件的检验标准。
2. 简述质量检验的分类。
3. 质量检测的依据有哪些？
4. 举例说明检验规程与检验作业指导书的区别。

任务二 光伏企业来料检验控制

对于光伏企业来说，供应商提供的来料可分为主材、辅材和低值易耗品。加强来料检验，确保原料的供应质量，是质量检验控制的第一步，也是光伏企业构建质量管理体系的重要质量技术工作。

一、来料检验的目的与职责

1. 目的

通过来料检验，确保所购的产品符合规定要求，防止不合格品进入工序，减少经济损失。企业应规范来料检验的工作流程、工作内容、工作过程，形成企业的来料检验工作程序文件。

2. 职责

（1）仓库：负责进料的点收、保管、不合格品的隔离及记账等工作。

（2）采购：负责与供应商联络，处理来料异常事项。

（3）检验：负责进料的品质检验/试验，并做好相应的检验状态标志；负责启动进料不合格品处理作业流程。

二、来料检验的对象

来料检验对象包括所有生产用的原材料和外购产品。

三、首件（批）进货检验和成批进货检验

1. 首件（批）样品检验

首件（批）样品检验的目的，主要是为对供货单位提供的产品的质量水平进行评价，并建立具体的衡量标准。首件（批）检验的样品必须有代表性，以便作为以后进货的比较基准。通常在以下 3 种情况下应对供货单位进行首件（批）检验：①首次交货；②设计或产品结构有重大变化；③工艺方法有重大变化，如采用了新工艺或特殊工艺方法，或者是停产很长时间后重新恢复生产。

2. 成批进货检验

成批进货检验可按不同情况分为 A、B、C 三类。A 类是关键的，必检；B 类是重要的，可以全检或抽检；C 类是一般的，可以实行抽检或免检。这样，既能保证质量，又可减少检验工作量。成批进货检验既可在供货单位进行，也可在购货单位进行。为保证检验的工作质量，防止漏检和错检，一般应制定"入库检验指导书"或"入库检验细则"，其

形式和内容可根据具体情况设计或规定。进货物料经检验合格后，检验人员应做好检验记录并在入库单上签字或盖章，及时通知库房收货，做好保管工作。对于原材料、辅材料的入厂检验，往往要进行理化检验，如分析化学成分、机械性能试验等，验收时要着重检查材质、规格、批号等是否符合规定。

四、来料检验的工作流程

供应商交货到厂后，仓管员将供应商的送货单与实际数量进行核对，无误后将物料放入收货待检区。

仓管员在规定时间内完成物料数量验收，并在物料包装明显位置上贴好物料标示卡，具体依进料作业流程处理。

仓管员以书面方式通知原材料检验员检验，并指明物料所在位置。若为紧急来料，仓管员可先电话通知原材料检验员先检，然后补送报检单。

原材料检验员在收到仓库报检的送检单后10分钟内须向仓管员回复检验时间。若来料为生产急需料，或原材料检验可在30分钟内完成，原材料检验员须在接到送检单后10分钟内进行现场检验。

原材料检验员按物料检验标准确定待检物料的检验方案，准备好相关的图纸资料、样品、检验用具。如果是客户指定的特殊来料，则由销售部提供客户物料的具体规格及客户品质详细要求，以便原材料检验员进行检验。

原材料检验员按进料检验规范、全检物料清单、批量产品抽样方案对物料进行抽样或全检，并对照图纸、样板、BOM等进行检验工作，并将检验结果记录在原材料检验报告上（要求原材料检验报告必须填写完整、正确、规范）。

送检物料检验合格后不需进行性能测试的，由原材料检验员在物料包装明显位置贴上绿色合格标签，填写完整的检验内容（包括物料名称、规格/型号、检验员、检验日期等内容）。

送检物料若需进行性能测试的，由原材料检验员按测试标准进行性能测试，将测试结果记录在检验报告上。

原材料检验员依性能测试结果对物料进行合格与否的判定，并作相应标识。

原材料检验员将完成后的检验报告交质量主管进行审核。

质量主管在接到检验报告后30分钟内完成审核作业。若审核有误，则通知原材料检验员予以纠正；若无误，则签字确认。

若检验判定合格，由原材料检验员在检验结果判定后30分钟内将送检单及检验结果反馈至仓管员。

若检验判定不合格，需填写"原材料检验不合格报告"，通知采购部，质量主管在收到判定送检物料不合格报告后30分钟内启动"进料不合格品处理作业流程"，处理不合格品。

若生产急需，来不及验证，在可追溯的前提下，由生产部填写"紧急、例外和特殊放行申请单"1式3份，经质量部门同意、总经理批准后按照"紧急、例外和特殊放行规定"执行。"紧急、例外和特殊放行申请单"一份由生产部留存，一份交质量部，一份交原材料库房。仓管根据批准的"紧急、例外和特殊放行申请单"，按规定数量留取同批样品送检，其余由原材料检验员在领料单上注明"紧急放行"，并且在物料的外包装上注明"紧急放行"字样。在紧急放行的同时，原材料检验员应继续完成该批产品的检验，不合格时质量技术部门负责对该批紧急放行的产品进行追踪处理。

在生产过程中，若操作员工发现放行物品不符合规定品质要求，须及时向现场组长、检验员反馈不良品信息，生产组长应在 5 分钟内追回不良物料，仓库对不良物料标示清楚，放置于不合格品区域，并报告采购部处理。

仓管依照送检单的反馈结果或检验标签办理物料进库手续，将合格品从待检区移至相应的合格品仓库，将不良品移至不良品退货区。

采购员在接到检验报告后 30 分钟内完成审核作业，若有退货，一般物料在 1 个小时内将来料不良信息通知供应商联络员（必要时，将原材料检验报告传真给供应商），紧急物料在 30 分钟内完成，并督促供应商按本企业要求的时间取退货及补货。

原材料检验员于当天下班前根据"原材料检验报告"编制检验日报表，交质量主管；质量主管负责根据检验日报表统计周、月进料品质状况，并将进料品质信息分发一份给采购部。

质量部门因检验能力不足或无相应的检测工具而无法对进料进行检验时，可通知采购部要求供应商随货附上相关检验合格的证明文件，质量部门参照供应商提供的品质检验合格证明文件对进料品质进行跟进、验证。

表 3-1 为某企业对 P 型单晶硅片来料所作的相关检验接收质量标准。

表 3-1　P 型单晶硅片检验接收标准

检验项目	合格标准	检验方法	说明
导电类型	P 型	冷热探针测试仪器	
对边宽/mm	125±0.5　165±0.5	数显游标卡尺	
对角线/mm	150±1　165±1 200±1　205±1	数显游标卡尺	
方片角度	90°±0.3°	角尺	
厚度/μm	200±20	设备	1. 硅片的平均厚度为 200μm； 2. 硅片表面厚度要在规定范围内，最薄处不低于 180μm； 3. 同批硅片的厚度要呈正态分布
厚度不均匀度	$TTV \leqslant 30$	设备	在保证硅片表面厚度情况，对硅片表面取五点测试（中心点以及距四周边缘 6mm 各取一点）来换算厚度变化量
位错密度/（个/cm²）	<1000	供方保证项	
有效载流子寿命/μs	>1.35	WT-1000 少子寿命测试仪	
少子寿命/μs	>15	SINTON 少子寿命测试仪	扩散后测试
光致衰减	$LID \leqslant 3\%$	预投流程验证	
弯曲度	$\leqslant 40$	塞尺	
切痕	无明显切痕	手持式粗糙度测试仪	允许的切痕深度 $\leqslant 10\mu$m
凹坑	无凹坑	目视	硅片表面平整，无硅落现象
穿孔	无穿孔	目视	

检验项目	合格标准	检验方法	说明
沾污	无沾污	目视	不允许有肉眼可见的油污,硅粉,清洗剂,水痕
崩边	无崩边	目视	
应力	无应力	手感	当硅片拿在手上轻微晃动时不能有嘣咚嘣咚的响声
孪晶	无孪晶	目视	从外观看,出现两个及以上的晶体
划伤	无划伤	目视	只要在硅片表面有明显肉眼可见异物划过的痕迹,不论长度和面积大小都不合格
氧化膜未磨	无氧化膜未磨	目视	
缺口	无缺口	目视	
缺角	无缺角	目视	
裂纹/隐裂	无裂纹/隐裂	目视	
偏心	偏离度<0.5mm	模具	

五、来料检验记录表

来料检验要求做好检验记录表,按照工作流程履行签字盖章手续。表 3-2 是某企业的的来料质量检验记录表。

表 3-2　来料质量检验记录表

年　　月　　日　　　　　　　　　　　　　　　　　　　　　　　　　　　编号:

物料名称		来料数量		检验日期	
抽检数量		抽检水准		供应商名称	
检验项目	检验要求		判定结果	备注	
项目名称:					
包装检验					
外观检验					
性能检验					
实际装配					
试验项目					

检验员:　　　　　　　　　　　质量主管:

六、编写企业的来料检验控制程序文件

根据质量管理体系的要求,光伏企业应在来料检验的质量管理制度中编制来料检验控制程序文件,以规范来料质量检验的工作过程,做到有章可循,有据可查。

思考与练习

1. 说明来料检验控制程序文件与来料产品检验规程的区别。

2. 编制相关硅片的来料检验控制程序文件,并绘制来料检验流程图。

3. 晶体硅太阳能电池生产企业应加强哪些来料的检验控制？

任务三　光伏企业的制程检验

制程检验也叫工序检验，目的是通过在生产过程中进行监控，防止不合格品产生并转入下道工序，确保工序的正常生产。制程检验的对象是生产过程中的产品，检验的原则是按图纸、工艺规定进行检验和试验，不合格的产品不转入下道工序。制程检验的方式有四种：首件检验、巡回检验、完工检验和末件检验。

首件检验是生产开始时（上班或换班）或工序因素调整后（调整工艺、工装、设备等）对制造的第一件或几件产品进行的检验。首件检验的目的是为了尽早发现过程中的系统性差错，防止产品成批报废。产品未经"首检"合格，不得批量生产。

巡回检验又称流动检验，是检验员在生产现场按一定时间间隔对有关工序中的产品和加工工艺进行监督检验。巡回检验的重点是关键工序、关键部件或薄弱环节。

完工检验是对加工结束后的半成品或完工零件所进行的检验。

末件检验时，除按规定要求检验外，还要检查是否所有的工序都已全部完工，是否有漏掉一道或几道加工工序的零件混在其中。

一、制程检验的检验原则

1. 检验要有据可依

制程检验常见的检验依据包括但不限于岗位操作指导书、设备操作指导书、检验指导书、生产任务单、材料清单 BOM、产品工艺流程图、产品关键工艺控制要求。

2. 尊重客观事实

检验中发现异常或需要改进的地方，应及时与相关负责人取得联系，做到"三现"原则：

① 检验责任人和现场负责人最好都在现场，便于双方确认；

② 当事人能现场看到所发生的异常现象，特别是造成异常的过程；

③ 责任人和现场负责人对异常的结果应有合理的评价，若发现错误，最好现场纠正，若现场负责人坚持不承认错误，也不纠正，可以要求保留现场并及时报告上级主管人员处理。

3. 坚持原则应不失灵活

检验人员在依据规章制度、工艺要求等对生产过程中的产品进行制程检验时，应根据检验时的环境、地点等具体条件灵活应对现场临时发生的各种情况，做到既要坚持按原则行事，又不失工作方式的灵活性。

二、制程检验的职责

（1）提前发现异常，出现异常应迅速处理，防止不合格品流入下道工序，确保产品品质。

（2）负责检查、监督、评估生产部门的 4M1E 对产品产生的品质影响，按时进行巡检工作。对特殊工艺或易发事故点需加强检验力度，并列为重点对象处理。

（3）制定异常情况发生后的紧急处理措施，并做好书面形式报告与记录；对纠正与预防措施进行跟进并执行。

（4）按两小时一次的巡检频率进行检验，并将检验结果如实填写在《过程检验记录表》上。确保数据的准确性与真实性。

（5）负责首件检验的判定与记录，并保留首件样品至下个首件检验确认时。

（6）负责半成品转移的抽样检验工作，保证抽样数量与检验方法的准确性与真实性，并将检验结果如实填写在《制程检验报告单》上。

（7）做好首件检验、巡检检验、转移检验、异常处理等记录，综合 4M1E 进行统计分析，并做周、月统计报告。

企业各部门都要对制程检验质量承担相应的管理责任。光伏企业制程检验职责分配表如表 3-3 所示。

表 3-3　光伏企业制程检验职责分配表

流程	执行部门	岗位描述
生产指令	生产部	由生产部根据生产计划制定生产指令
首件检验	生产部、品质部、工程部	生产部负责提供产品，先自检，再填写报检单，交品管部，品管部 IPQC 对外观、尺寸进行检验，如需要性能测试，则由品管部进行性能测试并提供测试报告。最后由 IPQC 判定 首检时间：一批产品开始投产时，设备重新调整或工艺重大变化时，轮班或操作工人变化时，基材或其他材料发生变化时
制程巡检	生产部、品质部、仓库	根据《制程检验作业指导书》、《岗位职责》、《品质管理制度》、相关图纸等进行巡检
末件检验	品管部	对最后的产品进行检验，为下次生产时提供有效的记录
物料转移	品管部、生产部、仓库	品管部 IPQC 负责对制成品进仓前的抽样检验，并将结果记录在案，在进仓单上签名或盖章

三、编制光伏企业制程检验控制程序文件

在光伏企业的制程检验工作中，为确保工作的有序进行，企业要制定严格的工作流程，规范制程检验工作，如表 3-4 所示。

四、设计光伏制程检验记录表

设计光伏企业制程检验记录表，首先要熟悉生产工艺流程，根据生产工艺流程选择好制程检验控制点。对每个控制点进行制程检验后，要认真填写相关记录表。在实际生产过程中，制程检验主要分为以下几个控制点：

（1）前期准备工作；

（2）制绒清洗后；

（3）扩散后；

（4）等离子刻蚀后；

（5）去磷硅玻璃清洗后；

（6）PECVD 后；

（7）丝网烧结后；

表 3-4　制程检验流程

工作流程	流程概述	责任部门或人员
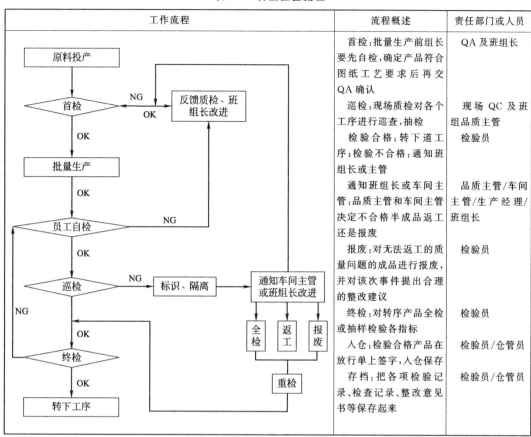	首检:批量生产前组长要先自检,确定产品符合图纸工艺要求后再交QA确认	QA 及班组长
	巡检:现场质检对各个工序进行巡查、抽检	现场 QC 及班组品质主管
	检验合格:转下道工序;检验不合格:通知班组长或主管	检验员
	通知班组长或车间主管:品质主管和车间主管决定不合格半成品返工还是报废	品质主管/车间主管/生产经理/班组长
	报废:对无法返工的质量问题的成品进行报废,并对该次事件提出合理的整改建议	检验员
	终检:对转序产品全检或抽样检验各指标	检验员
	入仓:检验合格产品在放行单上签字,入仓保存	检验员/仓管员
	存档:把各项检验记录、检查记录、整改意见书等保存起来	检验员/仓管员

（8）电池片性能测试分挡后。

表 3-5 所示为某企业的制程检验记录表。

表 3-5　制程检验记录表　　　　　　　　表单编号: JY-A-002

产品型号及名称			工序名称		工序号		型号/名称			
日期	操作者	时间/检验类型	项目要求及检验记录						综合判定	不良品数量统计		检验员
			人	机	料			法	环		可返修品	废品	
					外观	尺寸	性能						

思考与练习

1. 根据晶硅电池组件生产工艺过程收集整理工序检验规范。

2. 设计组件层压工序制程检验质量记录表。

3. 举例说明编制制程检验控制程序文件的重要性及编写格式。

光伏企业质量控制与管理

项目四　光伏企业质量抽样检验技术

项目目标：

　　了解全数检验和抽样检验的概念和适用范围，熟悉 GB/T 2828.1—2012 标准，能根据检验规程（指导书）或合同规定，利用 GB/T 2828.1—2012 标准开展抽样检验并填写检验报告书。

核心概念：

　　个体　　总体　　样本　　抽样方案　　生产方风险　　使用方风险

任务一　认识质量抽样检验

　　抽样检验的基本思路是从一批产品中随机抽取少量产品（样本）进行检验，据以判断该批产品是否合格。它与全面检验不同之处在于后者需对整批产品逐个进行检验，把其中的不合格品拣出来，而抽样检验则根据样本中的产品的检验结果来推断整批产品的质量。如果推断结果认为该批产品符合预先规定的合格标准，就予以接收，否则就拒收。在光伏企业中，无论是来料检验还是制程检验，都需要对来料和产品进行抽样检验。

一、抽样检验技术基本术语

1. 个体

　　个体是可以对其进行一系列检测的一件具体的或一般的物体，个体的全体称为总体。在一定条件下汇总起来的一定数量的个体叫"批"，批中包括的个体数量叫样本。

2. 抽样检验

　　按照规定的抽样方案，随机地从一批或一个过程中抽取部分个体进行的检验叫抽样检验。

3. 缺陷

　　个体指标中与规定的要求不符合的任何一项叫缺陷。个体的缺陷往往不止一种，其后果不一定一样，应根据缺陷后果的严重性予以分级。

二、统计抽样检验方案

（一）抽样检验方案特性

抽样检验方案（简称抽样方案）是一套规则，依据它来决定如何抽样（一次抽样或分几次抽样、抽样数量是多少），并根据抽样产品检验的结果决定接收或拒收该批产品。在确定了一个抽样方案后，可以计算具有指定质量指标（例如批不合格品率 p）的一批产品被接收的概率，接收概率 $L(p)$ 是 p 的函数，称为抽查特性函数，简称 OC 函数，其图形称为抽查特性曲线（OC 曲线）。

（二）抽样检验分类

1. 计量型抽样检验

有些产品的质量特性，如光伏产品的电学性能，硅片的厚度，少子的寿命等，是连续变化的，用抽取样本的连续尺度定量地衡量一批产品质量的方法称为计量抽样检验方法。

2. 计数抽样检验

有些产品的质量特性，如硅片划痕数、电池的隐裂数以及合格品数量等，只能通过离散的尺度来衡量，抽取样本后通过离散尺度衡量的方法称为计数抽样检验。计数抽样检验中，对单位产品的质量采取计数方法来衡量，对整批产品的质量，一般采用平均质量来衡量。计数抽样检验方案又可分为标准计数一次抽检方案、计数挑选型一次抽检方案、计数调整型一次抽检方案、计数连续生产型抽检方案、二次抽检、多次抽检等。

一次抽检方案是最简单的计数抽样检验方案，通常用（N，n，c）表示，即从批量为 N 的交验产品中随机抽取 n 件进行检验，并且预先规定一个合格判定数 c。如果发现 n 件中有 d 件不合格品，则当 $d \leqslant c$ 时，判定该批产品合格，予以接收；当 $d > c$ 时，则判定该批产品不合格，予以拒收。例如，当 $N = 100$，$n = 10$，$c = 1$ 时，则这个一次抽检方案表示为（100，10，1）。其含义是指从批量为 100 件的交验产品中，随机抽取 10 件，检验后，如果在这 10 件产品中不合格品数为 0 或 1，则判定该批产品合格，予以接收；如果发现这 10 件产品中有 2 件以上不合格品，则判定该批产品不合格，予以拒收。

和一次抽检方案比，二次抽检方案包括五个参数，即（N，n_1，n_2，c_1，c_2），其中：

n_1—抽取第一个样本的大小；

n_2—抽取第二个样本的大小；

c_1—抽取第一个样本时的不合格判定数；

c_2—抽取第二个样本时的不合格判定数。

二次抽检方案的操作程序是：在交验批量为 N 的一批产品中，随机抽取 n 件产品进行检验。若发现 n 件被抽取的产品中有不合格品，则：

若 $d_1 \leqslant c_1$，判定批产品合格，予以接收；

若 $d_1 > c_2$，判定批产品不合格，予以拒收；

若 $c_1 < d_1 \leqslant c_2$，不能判断。在同批产品中继续随机抽取第二个样本 n_2 件产品进行检验。

若发现 n_2 中有 d_2 件不合格品，则根据 $(d_1 + d_2)$ 和 c_2 的比较作出判断：

若 $d_1 + d_2 \leqslant c_2$，则判定批产品合格，予以接收；

若 $d_1 + d_2 > c_2$，则判定批产品不合格，予以拒收；

若 $d_1 < 2$，则判定该批产品合格，予以接收；

若 $d_1 > 4$，则判定该批产品不合格，予以拒收；

若 $2 < d_1 \leqslant 4$（即在 n_1 件中发现的不合格品数为 3，4 件），则不对该批产品合格与否作出判断，需要继续抽取第二个样本，即从同批产品中随机抽取 60 件进行检验，记录其中的不合格品数；

若 $d_1 + d_2 \leqslant 4$，则判定该批产品合格，予以接收；

若 $d_1 + d_2 > 4$，则判定该批产品不合格，予以拒收。

多次抽检方案允许通过三次以上的抽样对一批产品合格与否作出最终判断。

（三）抽样检验的方法

1. 简单随机抽样

简单随机抽样是指一批产品共有 N 件，如其中任意 n 件产品都有同样被抽到的可能性。如抽奖时摇奖的方法就是一种简单的随机抽样。简单随机抽样时必须注意不能有意识抽好的或差的，也不能为了方便只抽表面摆放的或容易抽到的。

2. 系统抽样

系统抽样是指每隔一定时间或一段编号进行抽样，而每一次抽样又是从一定时间间隔内生产出的产品中或一段编号的产品中任意抽取一个或几个样本。这种方法主要用于无法知道总体的确切数量的场合，如每个班的确切产量，多见于流水生产线的产品抽样，适用于制程检验。

3. 分层抽样

分层抽样是针对不同类的产品不同的加工设备、不同的操作者、不同的操作方法的情况，对产品质量进行评估时用到的一种抽样方法。

在质量管理过程中，逐批验收抽样检验方案是最常见的抽样方案。无论是在企业内或在企业外，供求双方在对交付的产品验收时，一般是采用逐批验收抽样检验。验收抽样检验的具体做法通常是从交验的每批产品中随机抽取预定样本容量的产品，对照标准逐个检验样本的性能。如果样本中所含不合格品数不大于抽样方案中规定的数目，则判定该批产品合格，予以接收；反之，则判定为不合格，拒绝接收。

思考与练习

1. 抽样方案的构建三要素是什么？

2. 抽样检验的方式与种类有哪些？

3. 什么是计数抽样与计量抽样？

任务二 抽样检验方案的制定

一、确定产品的质量判定标准

产品质量判定标准以不合格品所占百分数或每百单位产品不合格数表示，原则上根据双方合同约定或某项产品质量检验标准规定来制订。太阳能电池用多晶硅片的质量检验标准如表4-1所示。

表4-1 太阳能电池用多晶硅片的质量检验标准

序　号	检验项目		检查水平	合格质量水平(AQL)
1	外形尺寸		Ⅱ	1.0
2	倒角尺寸		Ⅱ	1.0
3	硅片厚度		Ⅱ	1.0
4	总厚度变化		Ⅱ	1.0
5	弯曲度		Ⅱ	1.0
6	线痕深度		Ⅱ	1.0
7	相邻两边的垂直度		Ⅱ	1.0
8	导电类型		S-2	0.01
9	电阻率范围		S-2	0.01
10	硅片外观及表面质量	崩边/缺口	Ⅱ	1.0
		硅片边缘	Ⅱ	2.5
		表面质量	Ⅱ	1.5
		累计	—	2.5

表4-2列出了某光伏企业电池片抽样检验方案和要求。

表4-2 某光伏企业电池片抽样检验方案和要求

检验内容	检验方案	检验要求	检验工具
外包装 （纸箱及标识）	全数检验	1. 依据相关电池片设计或工艺文件 2. 包装应无破损、污迹，标识明显，字迹清晰，无错误 3. 须具备质保书或相应的检验证书	目视
内包装 （塑料袋及标识）	每箱抽取4袋	塑料袋应无破损，热包装良好，标识正确，清晰	目视
电池片厚度	正常检查一次抽样方案	依据《电池片成品检验规定》	检验平台，千分表
转换效率*		符合转换效率要求	电池片性能测试仪
电池片外观		依据《电池片成品检验规定》	目视
电池片弯曲度		依据《电池片成品检验规定》	塞尺

* 确认为45天内生产的电池，可不对转换效率进行测试。

二、确定检验水平

检验水平是指在抽样检查中，批量与样本大小之间的等级对应关系。它是相对检验量指标，通过它把样本量与批量联系起来。检验水平共分七级，一般检验水平大于特殊检验水平。其辨别能力是：$S\text{-}1 < S\text{-}2 < S\text{-}3 < S\text{-}4$。

检验水平选择的原则如下。

（1）没有特别规定时，首先采用一般检验水平Ⅱ。

（2）比较检验费用。若单个样品的检验费用为 a，判定不合格时处理一个样品的费用为 b，则：

$a > b$ 时选择检验水平Ⅰ；

$a = b$ 时选择检验水平Ⅱ；

$a < b$ 时选择检验水平Ⅲ。

（3）检查费用（包括人力、物力、时间等）较低时，选用高的检验水平。

（4）产品质量不稳定，波动大时，选用高的检验水平。

（5）对破坏性检验或严重降低产品性能的检验，选用低的检验水平。

（6）对历史资料不多或没有历史资料的试制品，为安全起见，检验水平必须选择高些；间断生产的产品，检验水平选择要高些。

（7）特殊检验水平的选用条件：①检验费用极高；②贵重产品的破坏性检验；③宁愿增加对批质量误判的危险性，也要尽可能减少样本。

三、确定样本量

根据 GB/T 2828.1—2012 计数抽样检验标准，可根据检查水平和总体量来确定样本量标准，见表4-3。

表4-3　GB/T 2828.1—2012 规定的抽样检验样本量标准

批量	特殊检验水平				一般检验水平		
	$S\text{-}1$	$S\text{-}2$	$S\text{-}3$	$S\text{-}4$	Ⅰ	Ⅱ	Ⅲ
2～8	A	A	A	A	A	A	B
9～15	A	A	A	A	A	B	C
16～25	A	A	B	B	B	C	D
26～50	A	B	B	C	C	D	E
51～90	B	B	C	C	C	E	F
91～150	B	B	C	D	D	F	G
151～280	B	C	D	E	E	G	H
281～500	B	C	D	E	F	H	J
501～1200	C	C	E	F	G	J	K
1201～3200	C	D	E	G	H	K	L
3201～10000	C	D	F	G	J	L	M

批量	特殊检验水平				一般检验水平		
	S-1	S-2	S-3	S-4	Ⅰ	Ⅱ	Ⅲ
10001～35000	C	D	F	H	K	M	N
35001～150000	D	E	G	J	L	N	P
150001～500000	D	E	G	J	M	P	Q
500001 及其以上	D	E	H	K	N	Q	R

思考与练习

1. 简述产品的质量判定标准。
2. 简要说明检验水平的选择原则。

任务三 抽样检验方案的实施

一、硅片出货抽样检验方案的实施

硅片出货抽样检验方案应该根据 GB/T 29055—2012 太阳能多晶硅片检验标准规定制订，硅片抽样按 GB/T 2828.1—2012 标准正常检查一次抽样方案进行。具体的抽样项目、检查水平和合格质量水平见表 4-4 所示，可由供需双方商定。

表 4-4 抽样项目、检查水平和合格质量水平

序号	检验项目		检查水平	合格质量水平（AQL）
1	外形尺寸		Ⅱ	1.0
2	倒角尺寸		Ⅱ	1.0
3	硅片厚度		Ⅱ	1.0
4	总厚度变化		Ⅱ	1.0
5	弯曲度		Ⅱ	1.0
6	线痕深度		Ⅱ	1.0
7	相邻两边的垂直度		Ⅱ	1.0
8	导电类型		S-2	0.01
9	电阻率范围		S-2	0.01
10	硅片外观及表面质量	崩边/缺口	Ⅱ	1.0
		硅片边缘	Ⅱ	2.5
		表面质量	Ⅱ	1.5
		累计	—	2.5

在对硅片应检测项目进行抽样检验后，最后要形成完整的抽样检查报告，作为相关部门进行质量分析和质量改进的依据。

表 4-5 是某企业的抽检结果通知单，它用来进行来料质量的管控。

表 4-5　硅片抽检结果通知单

委托方全称	OEM部		委托人	郑元	委托时间	2013.07.15
供方全称	＊＊＊新能源科技有限公司		到货数量	174800	等级	A
外包装信息检验						
检验项目	厂家	数量	参数	异常描述：		
是否一致	是	是	否	标识参数与委托单不符,盒上标识倒角不齐,厚薄不均等不良		
各项参数检验						

检验项目	检验要求	检验方法	质量水平	样本量	Ac	Re	缺陷数	单项判定
TTV	$\leqslant 40\mu m$	自动检测	$AQL=0.4$	800	7	8	8	Re
微裂纹	无微裂纹	自动检测	$AQL=0.4$	800	7	8	2	Ac
污渍	无污渍	自动检测	$AQL=0.4$	800	7	8	5	Ac
崩边/对角线	无	自动检测	$AQL=0.4$	800	7	8	13	Re
厚度偏差	$\pm 20\mu m$	自动检测	$AQL=0.4$	800	7	8	27	Re
原材料碎片	无原材料碎片	目检	$AQL=0.4$	800	7	8	0	Ac
穿孔	无穿孔	自动检测	$AQL=0.4$	800	7	8	0	Ac
少子寿命	$\geqslant 1.0\mu s$	自动检测	$AQL=0.4$	800	7	8	0	Ac
电阻率	0.5	自动检测	$AQL=0.4$	800	7	8	0	Ac
边长偏差	$-0.5,+0.8$	自动检测	$AQL=0.4$	800	7	8	0	Ac
垂直度	90 ± 0.8	自动检测	$AQL=0.4$	800	7	8	0	Ac
线痕	$\leqslant 15\mu m$	目检	$AQL=0.4$	800	7	8	0	Ac

缺陷描述： 1. 厚度偏差 27 片 2. 隐裂 2 片,脏污 5 片 3. 对角线超标 13 片 4. TTV8 片			总结： 1. 不良数：53 片 2. 不良率：6.6% 3. 合格率：93.4%		
结果判定：	合格		检验员：	日期：	

二、计数抽样检验方案的抽检特性曲线

设采用抽样方案（n，Ac，Re）进行抽样检验，用 $P_a(p)$ 表示当批不合格率为 p 时抽样方案的接收概率：

$$P_a(p)=\sum P(X=d)$$

函数 $P_a(p)$ 为抽样方案（n，Ac，Re）的抽检特性函数，简称 OC 函数。曲线称为抽样方案的抽检特性曲线，简称 OC 曲线。以 p 为横坐标，$P_a(p)$ 为纵坐标，将点描绘在坐标平面上，连接这些点的曲线称为抽检特性曲线，也称接收概率曲线，如图 4-1 所示。

设质量指标为 p_0，$p\leqslant p_0$ 时以高概率接收，$p>p_0$ 时接收概率迅速下降，达到 p_1 时以低概率接收。由于每一个方案都有它特定的样本量和接收数，有特定的抽检特性曲线和抽样风险，所以调整抽样方案，即改变样本量或接收数，就可以相应改变接收概率，如图 4-2 所示。

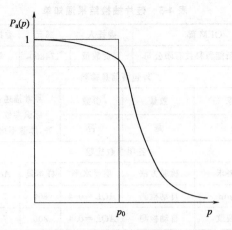

图 4-1　抽检特性曲线

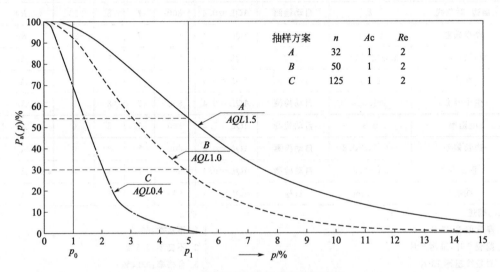

抽样方案	n	Ac	Re
A	32	1	2
B	50	1	2
C	125	1	2

A AQL1.5

B AQL1.0

C AQL0.4

图 4-2　不同抽样方案的抽检特性曲线

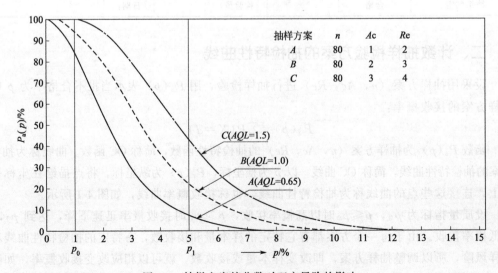

抽样方案	n	Ac	Re
A	80	1	2
B	80	2	3
C	80	3	4

$C(AQL=1.5)$

$B(AQL=1.0)$

$A(AQL=0.65)$

图 4-3　抽样方案接收数对双方风险的影响

随着抽检样本量的增大，使用方风险明显降低，但对应于 p_0 的各个方案的接收概率将随之降低，即生产方风险随之提高；随着接收数的增大，生产方风险明显降低，但对应于 p_1 的各个方案的接收概率将随之增大，即使用方风险随之提高，如图 4-3 所示。降低双方风险的措施有：加强质量管理，提高产品质量，避免采用接收数为 0 的抽样方案，增大批量，调整检验水平。

思考与练习

1. 简述产品的质量判定标准。
2. 简要说明检验水平的选择原则。

项目五　光伏企业质量统计分析

项目目标：

　　了解常用的七种质量统计分析工具的原理和绘制方法，了解工序能力的定义和计算方法；能运用质量分析的七种工具进行质量分析，能对工序的加工能力和稳定状态进行判断和分析，能根据 GB/T 13339—1 标准要求进行质量成本数据的收集、整理和初步分析，开展质量综合成本分析。

核心概念：

　　工序质量　统计分析七工具　工序能力　工序能力指数

任务一　光伏企业生产过程的质量分析

一、产品质量分析

　　所谓产品质量分析，就是对产品的质量水平从各方面进行评价与判断，找出影响产品质量的主要因素，提出改进建议和措施，并有效实施。

二、产品质量分析的作用

　　（1）产品质量分析是对企业质量管理活动最终成果的判定，能客观地显示出企业质量管理工作的综合水平。

　　（2）产品质量分析是质量管理咨询的切入点，可从最终结果的分析发现各环节的质量问题，以便及时采取调整措施，使质量管理咨询工作做到有的放矢。

　　（3）通过产品质量分析，可以真正掌握企业的产品质量水平和动态，通过对质量缺陷的调查研究，同国内外同类产品进行比较，提出质量改进建议，可以帮助企业提高国际、国内市场的占有率和客户满意度。

光伏企业质量控制与管理

三、产品质量分析的内容

对于不同的产品，衡量其质量的指标也不尽相同，如有形的产品和无形的服务性内容在指标上有较大区别。但产品质量指标的高低、质量的稳定性、顾客对质量的满意程度是进行质量分析时都要涉及的内容。

（一）产品质量水平分析

产品质量水平分析通常从三个方面进行，即质量标准分析、本企业质量达标程度分析以及质量水平行业比较分析。

1. 质量标准分析

（1）产品质量标准的收集，包括国家标准、行业标准、企业标准、企业内控标准、协议标准等等。

（2）产品质量标准评价

首先对各类标准的指标内容作比较，应特别关注客户的新要求。其次对各类标准的指标水平作比较，评价本企业选择的标准能否满足客户要求，下一级标准能否满足上一级标准的要求，如不能满足则应进行修订与补充。

2. 本企业产品质量达标程度分析

产品质量达标程度分析应当参照质量标准按以下类别分析：

（1）按产品质量等级分析；

（2）按产品质量合格率水平分析；

（3）按质量计划完成率分析；

（4）按产品质量实测水平分析。

3. 产品质量水平行业比较分析

进行行业间产品质量水平的比较分析，其内容仍然是上述四项，但比较的基准可以选用行业的平均水平、先进水平或竞争对手水平。

（二）质量稳定性分析（工序质量分析）

当一个系统处于一个平衡的状态时，如果受到外来作用的影响时，系统经过一个过渡过程后仍然能够回到原来的平衡状态，我们判别这个系统是稳定的，否则判别系统不稳定。

在稳定的生产条件下，产品质量特性的分布应符合正态分布。正态分布由两个参数决定：均值 μ；标准差 σ。理想的产品质量特性检测呈正态分布，平均值与指标公差中心重合，产品质量特性检测数据分布的两端距离规定限度有一定的余量。

四、产品质量问题的分析方法

在光伏制造企业的质量管理中，常常会用到以下质量问题分析方法。

（一）查检表

查检表是一种为了便于收集数据而设计的表格，用于对工作现场事项加以观察、记录与数据收集，例如作业点检、设备保养点检、生产状况查核和不良原因调查等。查检表的使用步骤如下：

（1）确定项目和格式，尽可能将机组、人员、工程或班次等进行区分；

（2）确定记录方式，可以采用"正"字法、"｜｜｜"法、"○、▲、◆、☆"图形标记法等；

（3）确定数据收集的方法、检查人、记录人、检查时间和检查地点；

（4）及时、准确地定期形成数据及统计图，加以分析，对存在的问题采取措施进行纠正。

表5-1所示为某线切机槽轮使用情况查检表。

表 5-1　某线切机槽轮使用情况查检表

填表部门	设备部	切片车间		切片车间	
槽轮编号	开槽次数	更换次数	次数小计	切割批数	批数小计
1	｜｜	正 iF	9	正正 iF	14
2	｜｜｜	正 正 正	15	正 正 正 正 正 正 正 丅	42
3	｜｜	正 iF	9	正 正 正 正 丅	28
4	｜｜｜	正	5	正 正 正 正 iF	24
5	｜｜｜	正 丅	7	正 正 正 正 丅	23
6	｜｜	正 正 iF	14	正 正 正 正 正 丅	32
7	｜｜	正 正	10	正 正 正 正	20
8	｜｜	正	5	正 正 正	15
9	｜	丅	2	正 丅	7
10	｜	˙F	3	正 正	10
日期			责任人		

（二）排列图

排列图又称为柏拉图，是一种根据收集的项目数据，按其大小顺序从左到右进行排列的图。用于分析各项目的影响程度，以确定问题的主次，便于针对主要因素加以重点控制或改善。排列图制作步骤见图5-1。

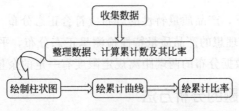

图 5-1　排列图制作步骤示意图

（三）因果图

因果图法在质量分析中常常被采用，针对造成某项结果的诸多因素，用图形进行系统整理，以便于分析查找主要因素。因果图通常分为寻求原因型和寻求对策型两种，见图5-2。

光伏企业质量控制与管理

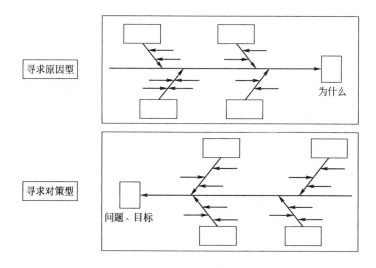

图 5-2　因果图

因果图绘制步骤：

① 确定结果，如产品不良率、货款回收率、出片率、成本、硅片参数指标等等；

② 绘制骨架；

③ 确定因素类别，通常从人、机、料、环、法 5 个方面进行分析；

④ 列出一般因素；

⑤ 列出详细因素；

⑥ 圈出重要因素；

⑦ 列明相关事项，如制作人、日期、目的等。

图 5-3 所示为测量系统变异性因果图。

（四）分层图

分层图是一种用于分门别类地收集数据，以找出其间差异的方法图形，被广泛应用于各种统计比较分析。

分层图绘制步骤：

① 明确分层对象，如时间、班组、人员、设备、生产线或材料等；

② 收集数据，可以利用检查表、统计表等形式；

③ 根据数据绘制推移图进行比较。

（五）散布图

当需要分析两个变量之间关系时，可使用散布图，散布图的作法：

① 收集两种对应相关数据（X、Y），需要至少 10 组成对数据；

② 找出数据中的最大值和最小值，即 X_{max}、X_{min}、Y_{max} 和 Y_{min}；

③ 在横轴 X 与纵轴 Y 上分别列出质量特性；

④ 将两种对应数据列在坐标上；

⑤ 若两组数据相同时另做记号表示；

⑥ 注明附加信息，如品名、工程名、制作人及日期等。

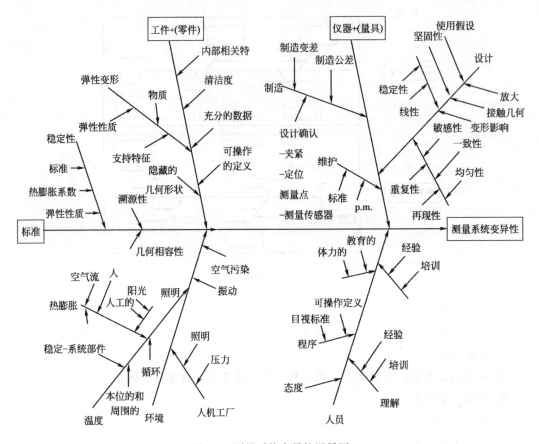

图 5-3　测量系统变异性因果图

（六）直方图

直方图也叫频数分配图，是沿横轴以各组频次为高度，每隔一组距绘一矩形，以此构成的图形，其用途在于显示数据分布状态，以便进行规格比较。生产中经常利用直方图进行过程能力分析与测量，或制定规格界限及判断变异状况等。

直方图作法如下。

① 收集样本数据，至少 50 个。

② 确定组数，组数 $K=\sqrt{n}$，n 为样本容量。

③ 计算组距，全距（范围）$R=$ 最大值－最小值，组距 $C=R/K$。

④ 计算组界及组中点：

组界精密度＝测定值的单位/2；

下组界＝最小值－组界精密度；

上组界＝前一组下组界＋组距；

组中点＝（上组界＋下组界）/2。

⑤ 作成数据频数表。

⑥ 完成数据计算表。

$$平均值 \ X = X_0 + (\textstyle\sum uf / \sum f) \times C$$

式中，X_0 为中位数，f 为频数。

方差 $\sigma^2 = (\textstyle\sum u^2 f - \sum u^2 f / \sum f) \times C \times (1/\sum f)$；

标准偏差 $S = \sqrt{\sigma}$；

$$uf = u \times f;$$

$$u^2 f = u^2 \times f.$$

⑦ 确定坐标轴，横轴坐标为组数，纵轴坐标为频数，按数据频数表作出柱状图，即直方图。

⑧ 进行必要的标示，如样本数、平均值、标准偏差、工程名称、产品参数名称、取样日期、作图日期和作图人等。

例如某批硅片电阻率测试数据分析如下。

样本数据 500 个，数据组数 $n = 100$（数据统计表略），组数 $K = \sqrt{n} = 10$。

则有：

组距：全距 $R =$ 最大值 — 最小值 $= 56.804 - 41.585 = 15.219$，组距 $C = R/K = 15.219/10 = 1.522$；

组界精密度 = 测定值的单位/2 = 0.0005；

下组界 $= 41.585 - 0.0005 = 41.5845$；

各上组界 $= 41.5485$ 依次递加 1.522；

组中点 $= 42.3095, 43.8315, 45.3535, \cdots, 56.0435$；

平均值 $X = 47.211$，标准偏差 $S = 2.4692$；

最后画图并标注刻度、组界值、组中值、数据（样本数、平均值、标准偏差）、计量单位、名称、日期、时间、作图人等。

五、光伏电池生产质量分析案例

某企业八月份第一周投入一批硅片，经过清洗、扩散、刻蚀、去 PSG、PECVD、丝网印刷等工艺共产出电池片 264414 片，根据生产记录表对各班次的碎片情况统计，统计情况见表 5-2 和表 5-3。

表 5-2　白班碎片数量统计表

工序	投入数量/片	碎片数量/片		返工数量/片	不良数量/片	产出数量/片	碎片率/%	返工率/%	不良率/%
		机碎	人为						
一洗	26474	8	1	0	1386	25079	0.035887	0	5.526536
扩散	23015	21	9	322	23	22640	0.132509	1.422261	0.10159
刻蚀	23484	25	1	170	305	22983	0.113127	0.739677	1.327068
去 PSG	22594	4	0	0	0	22590	0.017707	0	0
PECVD	21500	33	27	209	0	21231	0.282606	0.98441	0
丝网印刷	21525	92	0	0	0	21433	0.429245	0	0

表 5-3　夜班碎片数量统计表

工序	投入数量/片	碎片数量/片		返工数量/片	不良数量/片	产出数量/片	碎片率/%	返工率/%	不良率/%
		机碎	人为						
一洗	22622	9	0	0	6355	16258	0.055357	0	39.08845
扩散	25792	12	27	498	23	25232	0.154566	1.973684	0.091154
刻蚀	21306	5	3	113	0	21185	0.037763	0.533396	0
去 PSG	21554	0	0	0	6	21548	0	0	0.027845
PECVD	21110	23	21	139	40	20887	0.210657	0.665486	0.191507
丝网印刷	23450	102	0	0	0	23348	0.436868	0	0

　　从班次看夜班比白班的不良率高，从工艺看无论是白班还是夜班，一洗的不良率高很多，存在严重的人为操作因素，应加强对员工操作技能的培训。

　　电池片的碎片率综合统计见表 5-4。

表 5-4　碎片率综合统计

项　目	频数/次	百分比	累计百分比
丝网印刷	194	46%	46%
PECVD	104	24%	70%
扩散	69	16%	86%
刻蚀	34	8%	94%
一洗	18	4%	98%
去 PSG	4	2%	100%
小计	423		

　　从表中可以看出，丝网印刷工艺和 PECVD 工艺两个因素是导致碎片的主要原因，应重点加强对两个工艺中影响碎片的主要因素展开分析，将这两个工艺的碎片率列入重点质量控制点。

　　表 5-5 所示为产品不良率。

表 5-5　产品不良率

项　目	频数/次	百分比	累计百分比
一洗	7741	95%	95%
刻蚀	305	4%	99%
扩散	46	0.5%	99.6%
PECVD	40	0.4%	99.9%
去 PSG	6	0.1%	100%
丝网印刷	0	0%	100%
小计	8138		

从表 5-5 中可以看出，不良品率主要由一洗工艺造成，所以应该重点对一洗工艺进行原因分析，找出影响不良品率的原因。

六、工序能力分析

工序能力是稳定状态下的实际加工能力，即能够稳定地生产出合格产品的能力，常用标准偏差来表示工序能力的大小。

工序能力分析是保证产品质量的基础性工作。只有控制好工序能力，才能控制制造过程的质量。如果工序能力不能满足产品设计的质量要求，那么质量控制就无从谈起，所以说工序能力调查、测试分析是现场质量管理的重要工作内容，是保证产品质量的基础。

对工序能力进行测试分析是提高工序能力的有效前提。因为工序能力是受多种因素影响的，所以通过工序能力的测试分析，可以找到影响工序能力的主导性因素，进而通过改进工艺、改进设备、提高操作水平、改善环境条件、制定有效的工艺方法和操作规程、增强工艺纪律等来提高工序能力。

工序能力的测试分析可以为质量改进找出方向。因为工序能力反映的是加工过程的实际质量状态，通过工序能力的测试，可以为设计人员提供关键的数据，找出工序能力存在的主要问题，为提高加工能力、改进产品质量找到改进方向。

工序能力指数（过程能力指数）表示工序能力对产品规范的保证程度，用 CP 或 CPK 表示。

当分布中心与公差中心重合时，工序能力指数记为 CP；当分布中心与公差中心有偏离时，工序能力指数记为 CPK。运用工序能力指数，可以帮助我们掌握生产过程的质量水平。

CPK 的评级标准：

① A 级：$CPK \geqslant 2.0$，特优，可考虑成本的降低；

② A 级：$CPK \geqslant 1.67$，优，应当保持；

③ A 级：$CPK \geqslant 1.33$，良，能力良好，状态稳定，但应尽力提升为 A 级；

④ B 级：$CPK \geqslant 1.0$，一般，状态一般，生产过程因素稍有变异即有产生不良产品的危险，应利用各种资源及方法将其提升为 A 级；

⑤ C 级：$CPK \geqslant 0.67$，差，不良因素较多，必须提升其能力；

⑥ D 级：CPK 小于 0.67，不可接受，其能力太差，应考虑重新整改设计制程。

一般来说，我们采取的判定基准值为 $CPK \geqslant 1.33$。

- 当给定单向公差的上限公差时，无下限要求，则工序能力指数应按下式计算：

$$CPU = (T_U - \mu)/3\sigma$$

若 $\mu > T_U$，则取 CPU 为零，说明该工序完全没有工序能力。

- 当给定单向公差的下限公差时，无上限要求，工序能力指数应按下式计算：

$$CPL = (\mu - T_L)/3\sigma$$

若 $\mu < T_L$，则取 CPL 为零，说明该工序完全没有工序能力。

- 当给定双向公差，质量数据分布中心 X 与公差中心 M 一致时，工序能力指数应按下式计算：

$$CP = T/6S = (T_u - T_L)/6S$$

- 当给定双向公差，质量数据分布中心 X 与公差中心 M 不一致时，则存在中心偏移量 ε，应按下式计算：

$$CPK = (T - 2\varepsilon)/6S, \varepsilon = |M - X|$$

对于任何生产过程，产品质量特性值总是分散的，工序能力越高，则产品质量特性值的分散程度就会越小，工序能力越低，则产品质量特性值的分散程度就会越大。所以，只要我们计算出产品质量特性值，就能知道产品的品质情况。

思考与练习

1. 常用的质量统计分析方法有哪些？
2. 什么是工序能力与工序能力指数？
3. 为什么用标准差来表示工序加工能力？
4. 工序能力指数与不合格品率的关系是什么？

任务二　光伏企业质量控制

一、工序质量控制

工序质量控制是生产制造过程控制的核心，它包括对工序活动条件和工序活动效果的质量控制。

质量波动是生产制造过程的固有特性，质量波动具有客观性和必然性。质量波动可分为以下两种。

1. 偶然性波动

偶然性波动是由大量的、微小的不可控因素引起的波动，具有随机性。偶然性波动称为正常波动。工序质量控制的任务主要是使正常波动维持在适度的范围内。

2. 系统性波动

系统性波动是由少量的但较显著的可控因素引起的，这种波动不具有随机性。系统性波动称为异常波动。工序质量控制的任务之一是及时发现异常波动，查明原因，采取有效技术消除系统性波动，使生产过程重新回到受控状态。

总之，工序质量控制的目标是要把质量特性值控制在规定的波动范围内，使工序处于受控状态，能稳定地生产出合格品。

二、工序质量控制的方法

工序质量控制主要是对关键工序的质量的控制。就晶体硅电池生产而言，在生产中要加强关键工序的控制，如制绒、扩散、测试等工序，以确保产品质量。光伏企业在生产制造过程中，要进行严格的生产管理和周密的工序质量控制，尤其是关键工序、重要工序的质量控制，其方法如下。

（1）根据企业工艺管理特点，采用细化工艺堆积编制方法，把关键或重要图纸尺寸、技术要求写入工序名称栏内，工序图纸中的关键尺寸、重要尺寸或其他技术要求（如形状、位置公差），要在该尺寸旁加盖"关键"或"重要"印记。同时要明确工具、夹具、量具、模具的使用及产品检测要求，必要时制订"内控标准"，纳入工艺规程。

（2）关键工序、重要工序工艺资料的更改与试机要慎重，其审批比一般工序规定提高一级；采用新工艺、新技术时必须经过技术鉴定，其鉴定结论认为可行时方可纳入工艺规程。

（3）关键工序、重要工序必须实行"三定"，即定人员、定设备、定工序。实行"三定"前要对操作者进行应知应会上岗考核，只有取得上岗合格证后方可上岗。

（4）工具、夹具、量具、模具应处于良好状态，工位器具配套要齐全、适用，温度、湿度和环境应符合生产规定。

（5）严格批次管理。批次管理是指产品从原材料投入到交付出厂的整个生产制造过程中实行的严格按批次进行的科学管理，它贯穿于产品生产制造的全过程。搞好批次管理，首先要确保产品从原材料进厂到出厂交付的每个环节做到"五清六分批"。"五清"指批次清、数量清、质量清、责任清、生产动态清；"六分批"指分批投料、分批加工、分批转工、分批入库、分批保管、分批装配。这样就能使在制品在周转过程中工序不漏、数量不差、零件不混，一旦发生质量问题能够迅速准确地查出原因，把返修报废的数量和用户使用的影响限制在最低程度。

（6）检验人员必须执行《企业质量手册》的有关规定，严格执行首件检验，巡回检查和总检，并监督操作者严格按工艺文件规定进行操作，测量和填写图表，对不执行者，有权拒绝检查和验收。

三、控制图

控制图又叫管制图，是对过程质量特性进行测定、记录、评估，从而检查过程是否处于控制状态的一种用统计方法设计的图。图上有中心线（CL，Central Line）、上控制线（UCL，Upper Control Line）和下控制限（LCL，Lower Control Line），并有按时间顺序抽取的样本统计量数值的描点序列。UCL、CL、LCL统称为控制线（Control Line），通常控制界限设定在 $\pm 3\sigma$ 的位置。中心线是所控制的统计量的平均值，上下控制界限与中心线相距数倍标准差。若控制图中的描点落在UCL与LCL之外或描点在UCL和LCL之间的排列不随机，则表明过程异常。

1. 判断稳态的准则

稳态是生产过程追求的目标。用控制图（见图5-4）判断过程是否处于稳态：在点子随机排列的情况下，符合下列各条件之一就认为过程处于稳态：

（1）连续25个点子都在控制界限内；

（2）连续35个点子中至多1个点子落在控制界限外；

（3）连续100个点子至多2个点子落在控制界限外。

2. 判断异常的准则

在讨论控制图原理时，点出界就判断异常，这是判断异常的最基本的一条准则。为了

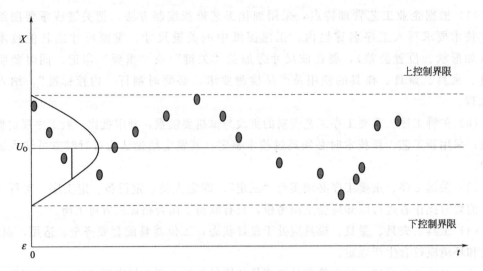

图 5-4　控制图

增加控制图使用者的信心，即使对位于控制界限内的点，也要观察其排列是否随机。若界内点排列非随机，则判断异常。符合下列条件之一就可认为过程存在异常因素：

(1) 点落在控制界限外，或恰在控制界限上；

(2) 连续 7 个点以上排列在一侧；

(3) 多数点靠近控制界限（在 2～3 倍的标准差区域内出现）；

(4) 点的排列呈倾向性与周期性。

思考与练习

1. 简述控制图原理。

2. 控制图的判定异常的准则是什么？

任务三　光伏企业质量综合成本分析

质量成本包括企业为了保证和提高产品或服务质量而支出的一切费用，以及因未达到产品质量标准，不能满足用户和消费者需要而产生的一切损失。

质量成本的概念是由美国质量专家 A. V. 菲根堡姆在 20 世纪 50 年代提出来的。质量成本将质量鉴定成本费用与产品质量因不符合要求而造成的损失一并考虑，最终形成质量报告，为企业高层管理者了解质量问题对企业经济效益的影响，进行质量管理决策提供重要依据。此后，人们充分认识到降低质量成本对提高企业经济效益的巨大作用，以及质量成本管理在企业经营战略中的重要性。图 5-5 所示为质量成本结构示意图，图 5-6 所示为质量成本最佳区域图。

一、质量成本术语

1. 保证成本

用于预防不合格品出现及评定产品是否满足规定的质量要求等所产生的各项费用（分

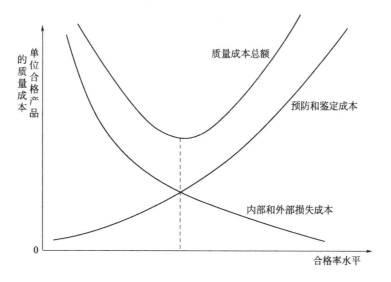

图 5-5　质量成本结构示意图

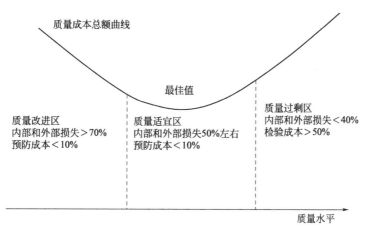

图 5-6　质量成本最佳区域图

为预防成本和鉴定成本)。

2. 损失成本

损失成本包括产品出厂前因不满足规定的质量要求而支付的费用,以及出厂后因不满足规定的要求导致索赔、修理、更换或信誉损失等而支付的费用。

二、质量成本的收集渠道

质量成本的收集渠道有如下几种。

(1)从现有的各种会计原始凭证和会计账户中直接获得。

(2)从现有的各种会计原始凭证和会计账户中分析获得。

(3)从统计原始资料或凭证中分析获得。

(4)从各种质量原始凭证中分析获得。

表 5-6 所示为某企业的质量成本明细表。

表 5-6　质量成本明细表

二级科目	三级科目	定义	费用开支范围	费用来源	成本发生及归口统计上报部门
预防成本	1. 质量培训费	为达到质量要求或改进产品质量，提高员工的质量意识和质量管理业务水平进行培训所支付的费用。	1. 授课费(外请师资授课) 2. 书籍费，文具费，资料费 3. 外培费(含委外培训费、补助费、交通费等)	企业管理费	
	2. 质量管理活动费	为开展质量管理所发生的费用	1. 质量管理部门的办公费用 2. 质量管理咨询诊断费 3. 质量体系认证费(外部质量保证成本) 4. 外部质量审核费 5. 质量奖励费 6. 多方论证小组活动费 7. 文件、资料印刷费 8. 差旅费等	企业管理费 专用基金 车间经费	质检部 生产车间 生产部 供销部 办公室
	3. 质量改进措施费	为保证或改进产品质量所支付的费用	1. 有关的工艺、技术改进的资源投入费用，如：改进生产装备，检测器具添置所发生的费用 2. 产品创优、质量整顿费	企业管理费 车间经费	技术部 供销部 生产部
	4. 质量评审费	对企业内部进行质量体系审核、过程审核、产品审核、APQP 阶段性工艺评审、生产件批准所发生的费用	1. 资料费 2. 会议费 3. 办公费 4. 新产品检验、产品试制和评审费等	企业管理费	质检部 供销部 办公室
	5. 工资及福利基金	专职质量管理人员的工资总额及提取的职工福利基金	1. 技术部质检部管理人员工资 2. 技术部、质检部管理人员提取的职工福利基金	企业管理费 车间经费	办公室
鉴定成本	1. 检验、试验、鉴定费	对外购外协件和产品实施的进货、过程、最终检验、试验及对量测设备仪器实施周期性检定所发生的费用	1. 委外检定、试验费(为用户提供产品质量受控依据进行质量证实试验所支付的费用：外部质量保证成本) 2. 送检人员差旅费 3. 内部检验、试验的材料费 4. 破坏性试验、检验材料(产品)成本费 5. 其他有关费用	企业管理费 车间经费	质检部 办公室
	2. 质量检验部门办公费	质量检验部门为开展日常检验工作所支付的办公费	测量工具和试验设备日常维护费用	企业管理费	技术部 质检部 办公室
	3. 工资及福利基金	从事质量检验/试验工作人员的工资总额和提取的福利基金	1. 检验员、试验员、计量员的工资 2. 上述人员提取的福利基金	企业管理费 车间经费	办公室 质检部
	4. 检测/试验设备维修、折旧费	检测试验设备的维护、校正修理费和折旧费	1. 大修旧费 2. 中、小修理费 3. 维护校准费	企业管理费 车间经费	质检部 生产部 办公室

二级科目	三级科目	定义	费用开支范围	费用来源	成本发生及归口统计上报部门
内部质量损失成本	1. 报废损失费	外购外协件、产品(含半成品)的废品损失	1. 材料费 2. 人工费(含工费和管理费) 3. 设备损耗(折旧费) 4. 能源损耗费	基本生产 辅助生产	生产车间 生产部 办公室
	2. 返工、返修费	实施返工、返修所发生的费用	1. 人工费 2. 材料费 3. 委外加工费 4. 能源损耗费 5. 设备折旧费 注:3~5条指因产品因返工/返修导致相关的热处理、表面处理工发生的费用项目	基本生产	生产部 生产车间 技术部 办公室
	3. 降级损失费	因产品产量达不到要求,降级处理所损失的费用	合格品价格与降级品价格之间的差额损失费	基本生产	生产部 生产车间
	4. 停工损失费	因质量问题造成停工所损失的费用	停工期间损失的净产值	基本生产 辅助生产	生产部
	5. 产品质量事故处理费	因处理内部产品质量事故所支付的费用	1. 重复检验/试验费 2. 筛选费(含工费、设备、能源损耗费等)	企业管理费 车间经费	生产部 质检部
外部质量损失费	1. 索赔费	因交付产品质量未达到顾客要求,对顾客进行理赔所支付的费用	1. 支付的赔偿金(含罚金) 2. 索赔处理费(含额外的包装、运输、管理费等) 3. 差旅费	企业管理费	生产部 供销部 办公室
	2. 退货损失费	因产品质量达不到顾客要求导致顾客退货、换货所支付的费用	1. 包装损失费 2. 运输费 3. 退回产品的净损失(返工/返修、报废损失费用)	企业管理费	生产部 供销部
	3. 让步接收(或折价)损失费	因产品未全部满足顾客要求,顾客按让步接收处置所损失的费用	产品销售价格与让步接收后的售价的差价损失	销售	供销部 办公室
	4. 事故处理费	因产品未达到顾客要求而派人去顾客处实施返工/返修所损失的费用	1. 差旅费 2. 人工费(工费和管理费) 3. 更换零部件成本 4. 检验/试验费 5. 运输费	企业管理费	供销部 生产部 办公室
外部质量保证成本	1. 质量保证措施费	应用户特殊要求而增加的质量管理费用		企业管理费	
	2. 产品质量证实试验费	为用户提供产品质量受控依据进行质量证实试验所支付的费用		企业管理费	
	3. 评定费	应用户特殊要求进行产品质量认证所支付的费用		企业管理费	

质量成本分为显见质量成本和隐含质量成本。显见质量成本包括根据国家现行成本核算制度规定列入成本开支范围的质量费用，以及用于专用基金开支的质量费用。隐含质量成本未列入国家现行成本核算制度规定的成本开支范围，也未列入专用基金开支，通常不是实际支出的费用，而是反映实际收益的减少，如产品降级，降价，停工损失。

三、质量成本的综合分析

质量成本分析就是将质量成本核算后的各种质量成本资料，按照质量管理工作要求进行分析比较，使之成为改进质量、提高经济效益的有力工具，主要包括质量成本总额分析、质量成本构成分析、内部故障成本和外部故障成本分析和其他质量成本分析。通过质量成本分析，可以找出影响产品质量的主要缺陷以及质量管理工作的薄弱环节，为提出质量改进意见提供依据。通过质量成本分析也可以找到一个最佳质量点，使质量总成本达到最低，从而实现质量与经济的平衡。

在实际工作中，质量过高或过低都会造成浪费，不能使企业获得最好的经济效益。因此，必须追求最佳质量水平和最佳成本水平。为了使企业产品质量和成本达到最佳水平，应围绕企业经营目标分析企业内外各种影响因素。

从原则上讲，最佳质量水平是要达到必要功能与成本耗费的最佳结合。从这个意义上说，计算质量成本的目的在于进行质量成本分析。

质量成本分析共包括四个分析内容：

① 质量成本总额的构成内容分析；
② 质量成本总额的构成比例分析；
③ 质量成本各要素之间的比例关系分析；
④ 质量成本占预算成本的比例分析。

四、综合质量成本分析案例

表 5-7 是某光伏制造企业某月质量分析明细表。

表 5-7　质量分析明细表　　　　　单位：万元

质量成本项目	设计	生产	客服	采购	管理	质检	合计
预防成本	69.3	33.3		10.2	3.5	34.3	147.1
质量教育培训	0.1	12.7		10.2		27.3	50.3
质量管理部门办公费	34.6	10.3				3.5	48.4
质量策划、改善费	34.6	8.1					42.7
质量审核		2.2				3.5	5.7
质量管理成本		.			3.5		
鉴定成本		3.4		2.2		10.6	16.2
货源检验及测试				2.2			2.2
试验、检验费		1.7				4.7	6.4
原材料零部件检验						2	2
半成品产品检验						2.7	2.7

质量成本项目	设计	生产	客服	采购	管理	质检	合计
试验设备维修		1.7					1.7
质检人员培训						1.2	1.2
内部质量损失费		75.6	6	2.2		7.5	91.3
返工停工成本		30.5					30.5
半成品产品返工		24.5					24.5
停工费用		6					6
报废及保修费用		5	3				8
产品报废成本		3.2					3.2
产品保修费用		1.8	3				4.8
材料评审费				2.2		7.5	9.7
产品降级使用成本		4.6					4.6
外部质量损失费		5.8	11.3	3.5		4.9	25.5
投诉处理成本			5.2				5.2
退货处理成本		2.5	3			4.9	10.4
返修或挑选费		3.3		3.5			6.8
索赔费			3.1				3.1

根据以上的质量综合成本资料，进行以下质量分析。

第一步是归集统计后的质量综合成本，见表5-8和表5-9。

表5-8　质量综合成本　　　　　单位：万元

质量成本项目	设计	生产	客服	采购	管理	质检	合计
预防成本	69.3	33.3		10.2	3.5	34.3	147.1
鉴定成本		3.4		2.2		10.6	16.2
内部质量损失费		75.6	12	2.2		7.5	97.3
外部质量损失费		5.8	11.3	3.5		4.9	25.5
小计	69.3	118.1	23.3	18.1	3.5	57.3	286.1

表5-9　归集质量成本总额表　　　　　单位：万元

项目	金额	占质量成本的百分比
预防成本	147.1	51%
鉴定成本	16.2	6%
内部损失	97.3	34%
外部损失	25.5	9%
总成本	286.1	

从成本分布来看，内部和外部损失成本累计达42%，而预防成本高达51%，鉴定成本只有6%，说明更多的成本用在预防成本上，从成本归集表上看预防成本的管理费和培训费很高，还有原因是涉及鉴定费用的归并有问题，进行成本项目的调整。

第二步是制定质量成本控制的目标。合理的质量区域成本构成是损失成本小于50%，预防成本小于10%，鉴定成本小于40%，由此可见，本月的质量成本结构极不合理，应大大降低预防成本，适当增加鉴定成本，将总成本下降10%。在此基础上形成下月质量成本控制的目标，见表5-10。

表5-10　质量成本控制表　　　　　　　　　　单位：万元

项目	金额			占质量成本的百分比	
	本月	下月	下降额	本月	下月
总成本	286.1	250	−49.6	100%	
预防成本	147.1	50	−97.6	51%	20%
鉴定成本	16.2	75	+58.8	6%	30%
内部损失	97.3	100	+2.7	34%	40%
外部损失	25.5	25	−0.5	9%	10%

第三步是制定主要的控制措施，包括以下方面。

1. 降低预防成本比例方面

重点做好设计部门的培训费、办公费和管理费的有效控制，同时降低生产部门中的质量管理成本。其次将涉及质检方面的项目成本进行细分，将涉及检验鉴定方面的成本调整到鉴定项目中。调整计划见表5-11。

表5-11　调整计划表　　　　　　　　　　单位：万元

质量成本项目	设计	生产	客服	采购	管理	质检	合计
预防成本	20	20		3	2	5	50
质量教育培训	1	7		3			
质量管理部门办公费	10	4				2.5	
质量策划、改善费	10	7					
质量审核		2				2.5	
质量管理成本					2		

2. 对鉴定成本的调整

将原27.3万的质检部门的培训费调整到鉴定成本的质检人员培训项目中，同时适当增加设计环节、生产环节和质检环节的检验费用，见表5-12。

表5-12　鉴定成本调整表　　　　　　　　　　单位：万元

质量成本项目	设计	生产	客服	采购	管理	质检	合计
鉴定成本	5	12		9		59	75
货源检验及测试				4			4
试验、检验费	2	10				8	20
原材料零部件检验	2			5		8	15
半成品产品检验						5	5
试验设备维修		2				5	7
质检人员培训						24	24

3. 损失成本

根据严格将不合格品控制在公司内的规定，由于降低了设计和生产环节的培训费用，容易导致生产环节中因员工的质量意识问题而引起的不合格品适量增加，同时将外部损失成本严格控制在原有水平。

总之，通过以上成本的有效控制，使质量综合成本控制在 250 万，各质量综合成本结构较为合理。

思考与练习

1. 质量综合成本的构成有哪些？
2. 合理的质量综合成本的构成结构具有怎样的特点？
3. 如何编写质量综合成本分析报告？

项目六　光伏企业质量改进

项目目标：

熟悉质量改进的程序和步骤（PDCA 循环），掌握质量统计分析工具在质量改进的中应用方法，能有效地针对光伏产品的质量问题通过 QC 小组活动的形式进行质量改进。

核心概念：

质量改进　QC 小组　PDCA 循环

任务一　组建质量改进 QC 小组

一、质量改进的理解

（一）质量改进定义

质量改进是为向本企业组织及其顾客提供增值效益，在整个企业组织范围内采取的提高产品质量的活动与措施。质量改进的目标是消除系统性的问题，对现有的质量保证工艺加以提高，使质量达到一个新水平、新高度。ISO 9000:2008 对质量改进的定义是"质量管理的一部分，致力于满足质量要求的能力"。质量管理活动可划为两个类型，一类是维持现有的质量，其方法是质量控制；另一类是改进目前的质量，其方法是主动采取措施，使质量在原有的基础上有突破性的提高，即质量改进。

（二）质量改进内涵的理解

1. 质量改进的对象

质量改进的对象包括产品（或服务）质量以及与它有关的工作质量，也就是通常所说的产品质量和工作质量两个方面，如光伏企业生产出的原生硅料、硅片、电池片、电池组件的质量，电站工程的系统设计与安装的质量，企业中技术部门、生产部门、设备部门、供应部门、售后服务部门人员的工作质量等，质量改进的对象是全面质量管理中所阐述的广义质量。

2. 质量改进的效果在于突破

朱兰认为，质量改进的最终效果是按照比原计划目标高得多的质量水平进行工作，如此必然得到比原来目标高得多的产品质量。质量改进与质量控制效果不一样，但两者是紧密相关的，质量控制是质量改进的前提，质量改进是质量控制的发展方向，控制意味着维持其质量水平，改进的效果则是突破或提高。可见，质量控制是面对"今天"的要求，而质量改进是为了"明天"的需要。

3. 质量改进是一个变革的过程

质量改进是一个变革和突破的过程，该过程也必然遵循 PDCA 循环的规律。时代的发展和要求是永不停止的，为满足需求，企业组织的质量改进也必然是永无止境的，永不满足则兴，裹足不前则衰。此外还要深刻理解变革的含义，变革就是要改变现状，改变现状就必然会遇到强大的阻力，这个阻力来自技术和文化两个方面，因此，了解并消除这些阻力，是质量改进的先决条件。

4. 偶发性缺陷与长期性缺陷的解决

在质量管理过程中，既要及时排除产品的质量缺陷，又要保证产品质量的继续提高。质量缺陷是质量管理的主要对象，是指产品不满足预期的使用要求，即一种或多种质量特性偏离了预期的使用要求。一般情况下，质量缺陷分为偶然性质量缺陷和长期性质量缺陷两种类型。

偶然性质量缺陷是指产品质量突然恶化所造成的缺陷。它是由生产过程中的系统偏差造成的。由于偶然性质量缺陷影响生产的进展，因此需要立即采取措施使生产恢复正常，它类似产品质量的"急性病"，采取的对策是"救火式"的方式，其目的仅局限于"恢复常态"。

长期性质量缺陷是指产品质量长期处于低水平状态所造成的缺陷。它是生产过程中随机偏差综合影响造成的，人们虽然对它会有所察觉，但往往习以为常，缺乏采取措施的紧迫感。例如，某车间不合格品率由 15％下降到 4％，并长期停滞在该水平上，人们认为 4％的不合格品率是天经地义之事，从而不思改进。长期性质量缺陷不易引起人们的重视，所造成的经济损失远远高于偶发性质量缺陷。长期性质量缺陷类似产品质量的"慢性病"，对其采取的对策是"质量突破"方式，其目的是"层次提高"。

二、质量改进的意义

（1）可以促进新产品开发，改进产品性能，延长产品的寿命周期。

（2）通过对产品设计和生产工艺的改进，更加合理、有效地使用资金和技术力量，充分挖掘组织的潜力。

（3）提高产品的制造质量，减少不合格品的出现，实现增产增效的目的。

（4）通过提高产品的适应性，提高组织产品的市场竞争力。

（5）有利于发挥各部门的质量职能，提高工作质量，为产品质量提供强有力的保证。

三、质量改进方案的制定

（1）确定质量改进的组织：成立 QC 小组，由来自于工艺、技术、设备、质检等部门的人员组成。

(2) 制定质量改进的点：论证改进的必要性，确定改进的目标。

(3) 制定质量改进的计划表，含以下内容：

① 申报小组成员；

② 目前质量状况分析（分层法、排列图法）；

③ 存在的问题；

④ 原因分析（因果分析图）；

⑤ 改进方案（含改进后的目标，质量改进工作进度、资金预算）；

⑥ 需要协同配合的部门。

四、组建 QC 小组

QC 小组是由在生产或工作岗位上从事各种劳动的职工，围绕企业的经营战略、方针目标和现场存在的问题，以改进质量、降低消耗，提高人的素质和经济效益为目的而组织起来，运用质量管理的理论和方法开展活动的小组。QC 小组在解决质量、成本、生产量等问题时，使用的最基本方法一般有 7 种：

(1) 帕累托图：从众多的问题当中找出真正的问题；

(2) 特性要因图：不要遗漏主要的原因，仔细整理；

(3) 图表：使做成的数据一目了然；

(4) 确认表：容易取出数据，防止检查中的遗漏；

(5) 矩形图：掌握分布的情况，并和规格要求对比；

(6) 散布图：掌握成对的两组数据的关系；

(7) 管理图：调查工序或工程内是否处在安定状态。

QC 小组活动的基本步骤如下。

1. 选题

一般应根据企业方针目标和中心工作，以及现场存在的薄弱环节，结合用户（包括下道工序）的需要选择。从广义的质量概念出发，QC 小组的选题范围涉及企业各个方面的工作，因此选题的范围是广泛的，概括有以下几方面：

① 提高质量；

② 降低成本；

③ 设备管理；

④ 提高出勤率、工时利用率和劳动生产率，加强定额管理；

⑤ 开发新品，开设新的服务项目；

⑥ 安全生产；

⑦ 治理"三废"，改善环境；

⑧ 提高顾客（用户）满意率；

⑨ 加强企业内部管理；

⑩ 加强思想政治工作，提高职工素质。

2. 确定目标值

课题选定以后，应确定合理的目标值。目标值的确定要注重目标值的定量化，使小组成员有一个明确的努力方向，便于检查，活动成果也便于评价。应注重目标值的可实现性，既要防止目标值定得太低，使小组活动缺乏意义，又要防止目标值定得太高，久攻不克，使小组成员失去信心。

3. 调查现状

为了解课题的目前状况，必须认真做好现状调查。在进行现状调查时，应根据实际情况，应用不同的工具（如调查表、排列图、折线图、柱状图、直方图、管理图、饼分图等）进行数据的搜集整理。

4. 分析原因

对调查后掌握的情况，要发动全体组员动脑筋、想办法，依靠掌握的数据，通过开"诸葛亮"会，集思广益，选用适当的 QC 工具（如因果图、关联图、系统图、相关图、排列图等）进行分析，找出问题的原因。

5. 找出主要原因

经过原因分析以后，将各种原因根据关键、少数和次要的顺序进行排列，从中找出主要原因。在寻找主要原因时，可根据实际需要应用排列图、关联图、相关图、矩阵分析、分层法等不同分析方法。

6. 制定措施

主要原因确定后，制定相应的措施计划，明确各项问题的具体措施以及要达到的目的，落实谁来做，何时完成以及检查人。

7. 实施措施

按措施计划分工实施。小组长要组织成员定期或不定期地研究实施情况，随时了解课题进展情况，发现新问题要及时研究，调查措施计划，以达到活动目标。

8. 检查效果

措施实施后应进行效果检查，把措施实施前后的情况进行对比，观察实施后的效果是否达到了预定的目标。如果达到了预定的目标，小组就可以进入下一步工作；如果没有达到预定目标，就应对计划的执行情况及其可行性进行分析，找出原因，在第二次循环中加以改进。

9. 制定巩固措施

达到了预定的目标值即说明该课题已经完成。但为了保证成果得到巩固，小组必须将一些行之有效的措施或方法纳入工作标准、工艺规程或管理标准，经有关部门审定后纳入企业有关标准或文件。如果课题的内容只涉及本班组，那就可以通过班组守则、岗位责任制等形式加以巩固。

10. 分析遗留问题

小组活动取得一定的成果就是经过了一个 PDCA 循环，这时候应对遗留问题进行分析，并将其作为下一次活动的课题，进入新的 PDCA 循环。

11. 总结成果资料

小组将活动的成果进行总结是自我提高的重要环节，也是总结经验、找出问题，进行下一个循环的开始必要步骤。

以上是 QC 小组活动的全过程，体现了一个完整的 PDCA 循环。由于 QC 小组每次取得成果后，能够将遗留问题作为小组下个循环的课题（如没有遗留问题，则提出新的打算），因此可使 QC 小组活动能够持久、深入地开展下去，推动 PDCA 循环不断前进。

思考与练习

1. 如何正确理解质量改进的定义？
2. 质量改进的实施步骤有哪些？
3. 什么是 QC 小组？

任务二　质量改进的实施

在制造过程中，企业应当合理运用相关工具图表进行质量改进，对改进项目可采用因果图与排列图、头脑风暴法、分层法等工具进行分析，快速找到改进的最佳方法并予以实施和控制，最终达到降低产品成本、使顾客满意的目的。在光伏发电领域，质量改进和成本控制更加关键，只有光伏产业中各个环节的产品成本下降了，光伏发电的最终成本才有可能切切实实地低于火力发电成本，光伏发电才会有真正的发展动力。

一、制定质量改进工作方案

（一）成立质量改进工作小组

表 6-1 所示是某企业质量改进工作小组示例。

表 6-1　某企业质量改进工作小组

序号	姓名	组内职务	组内分工
1	赵一	组长	负责组织/策划本次改善活动,并监督各组员工作进度
2	钱二	副组长	负责整个项目的开展并协调组间相关事宜
3	孙三	副组长	负责制造相关对策的开展与监督执行
4	李四	副组长	负责技术支持与协助
5	周五	组员	负责质量管理相关对策的开展执行与其他部门改善对策的实施追踪
6	武六	组员	负责制造相关对策的制定与实施
7	张七	组员	负责与客户端相应沟通协调事宜
8	周八	组员	负责仓库相应对策的实施

（二）分析岗位质量数据统计分析

表 6-2 所示是某企业电池生产各工序的碎片情况记录统计表。

表 6-2　某企业电池生产各工序的碎片情况记录统计表

| 工序 | 投入数量/片 | 碎片数量/片 | | | 产出数量/片 | 碎片率/% |
		机碎	人为	小计		
刻蚀	49096	17	1	18	41337	0.0435
PECVD	48807	33	36	69	47972	0.144
扩散	44790	30	4	34	44168	0.077
一洗	44148	4	0	4	44138	0.009
丝网印刷	42610	56	48	104	42118	0.247
绕结分选	44975	194	0	194	44781	0.433

（三）质量改进目标

根据现有的质量情况，制定质量改进目标。

（四）质量改进计划工作进度

表 6-3 所示是某企业质量改进计划工作进度表。

表 6-3　某企业质量改进计划工作进度表

改善工作计划表					
改善过程	月份		第一个月		第二个月
	目标		0.03%		0.02%
	时间	上旬	中旬	下旬	
P	成立小组	----→			
	选定主题	----→			
	设定目标	----→			
D	现状分析	----→			
	原因分析		----→		
	提出对策		----→		
	对策实施			----→	
C	效果验证			----→	
A	标准化				----→

计划进度： ---→
实际进度： ——→

二、实施质量改进

（一）目标设定

以一个月为 PDCA 循环改善周期，每月设定改善目标。

（二）实施质量改进

（1）对生产现场的碎片情况进行观察，记录碎片量。

（2）按图 6-1 所示的鱼刺图结合机、物、料、环境、工艺、操作者六因素进行分析，重点对烧结分选进行分析。

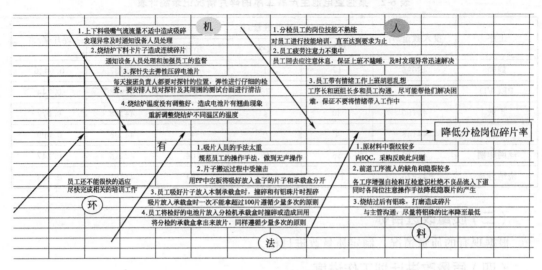

图 6-1　鱼刺图

运用头脑风暴法，结合六因素进行分析整理，查得主要原因是烧结炉下料卡片子，造成连续碎片，上下料吸嘴气流量不适中造成吸碎，所以应重点针对这两个原因进行改进。

（三）改进措施

改进措施见表 6-4。

表 6-4　改进措施表

不良现象	问题点	对策	责任人	完成时间	检查人
烧结分选碎片率较高	上下料吸嘴气流量不适中造成吸碎	通知设备人员处理，及时更换气流量的阀门	孙三	三天内	钱二
		通知供气人员调试气流量，确保气流量的均匀性，确保降低碎片	李四	三天内	钱二
		调试后观察吸片的工作情况	周五	三天内	钱二
	烧结炉下料卡片子造成连续碎片	通知相关人员来检查烧结炉的传动轴的工作情况	武六	一周内	钱二
		通知烧结炉相关设备人员调整传片速度	李四	一周内	钱二
		调试后再观察是否卡片子	周五	一周内	钱二

（四）改善的效果

经过两个月的质量改进，如期实现了质量控制目标。

（五）管理成果

修订完善了烧结炉上下料吸嘴气流量控制的作业指导书和烧结炉工艺控制文件，提出控制气流量的作业标准和烧结炉作业标准，并向技术部提出推荐使用新标准的建议。按表6-5继续开展相关的作业标准培训。

表 6-5　作业标准培训表

标准化工序	责任人	制定标准化项目	标准化推进前培训	标准化其他线推广
		第一个月底	第二个月初	第二个月底
烧结炉上下料吸嘴气流量作业指导书	赵一	→	→	→
烧结炉上下片的工艺控制指导书	赵一	→	→	→

（六）过程总结

本次质量改进活动是在全组团队协作配合下完成，充分发挥了员工参与管理的主动性，在质量改进活动中，所有小组成员对烧结分选工序所涉及的设备、工艺、检查方法和相关的工作环境有了全面的认识，运用了质量管理统计工具中的调查表、Parto 图，因果图、柱状图、头脑风暴法等方法。

三、光伏组件焊接碎片率的改进

下面对光伏组件制造业中常见的焊接工序中的碎片率问题进质量改进。在光伏组件制造企业中相关光伏组件封装工艺过程分为以下几个步骤。

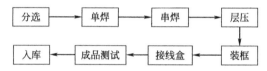

如发生焊接破片问题，首先召集大家开会（可用头脑风暴法），集思广益，充分发扬民主，在会议上尽可能具体地确定原因。在分析每个问题时只能采用一张因果图，对症下药，彻底解决质量问题，并按照 PDCA 质量改进的实施步骤实施。

（一）绘制因果图

将质量特性写在纸上，从左到右画一箭头（主骨），将结果用方框框上，接下来列出影响结果的主要原因，作为大骨，主要包括操作者、电烙铁、焊接环境、工艺方法这四大方面的原因，用方框框上。

列出影响大骨的第二层原因，作为中骨，接着用小骨列出影响中骨的第三层次原因，依此类推。

根据对质量特性的影响程度，将认为对质量特性有显著影响的重要因素用明显的标记标出。

最后在因果图上记录必要的信息，如图 6-2 所示。

（二）分析与改善

在操作者经验方面，可以通过增加培训、素质教育、实际操作练习来增强操作者的责任感与操作能力。

在环境方面，应尽量使温度控制在 20℃ 以上，湿度控制在 60％ 以下。首先要排除环境对破片的影响，再考虑其他因素。

在焊接参数方面，考虑焊接温度的调整、焊接速度、焊接力度、焊接起始收尾位置，要抓住显著影响因素。

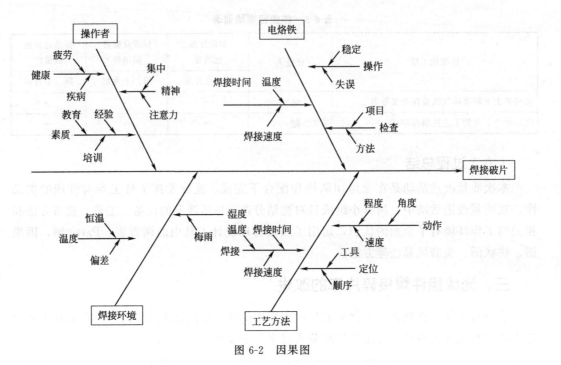

图 6-2　因果图

　　如果根据分析出的结果还不能直接采取措施控制，说明原因还没有分析到位，必须对原因进行细分，直至能采取措施为止。实际上，因果图绘制要做到"重要因素不遗漏"和"不重要因素不绘制"两个原则，在绘制因果图时，因果图往往越小越好，这样就能系统地分析并采取明确措施解决焊接时出现的破片问题。

（三）改进效果

思考与练习

　　1. 在质量改进中经常用到的质量分析统计工具有哪些？

　　2. 某光伏电池生产企业近段时间 1# 车间频繁出现烧焦片（硅片上部分发蓝或发糊），而且出现的情况基本没有规律可循，在每台制绒机、制绒槽、清洗机、扩散炉上均有出现，且偶然性很大，在生产很顺利的情况下也会突然出现一炉出现部分烧焦片，少则一两片，多则十几片，甚至曾经出现过一炉 40 片以上的情况。通过对近两个月的数据分析，发现烧焦片的类型主要有以下几种：①身齿与蓝齿的位置有半圆形的烧焦痕迹；②并在一起的两片四边烧焦，反面四边呈蓝色，正面四边发糊，通常此种烧焦片反面会有白色粉末残留；③在硅片正面有烧焦的斑点；④硅片正面有水痕状的烧焦痕迹；⑤硅片的烧焦面积很大，整组发黄，发黑。

　　请根据生产车间存在的质量问题拟定质量改进方案，运用因果分析图法分析质量原因，提出改进措施，形成改进报告。

项目七 光伏企业的质量管理体系

项目目标：

了解 GB/T 19000-ISO 9000 标准族的结构；熟悉质量文件体系的类型和构成要素；熟悉质量体系文件编制要求；能掌握建立质量管理体系的步骤和方法；能初步编写质量管理手册。

核心概念：

质量管理体系　质量体系要素　质量手册　质量文件

任务一　GB/T 19000-ISO 9000 标准族质量体系的解读

GB/T 19000-ISO 9000 可分为五个部分：术语标准；使用或实施指南标准；质量保证标准；质量管理标准；支持性技术标准。

1. 术语标准

标准编号为 ISO8402，它阐明了质量管理领域所用的 67 个质量术语的含义。

2. 使用或实施指南标准

这类标准为企业如何选择和实施质量保证标准提供指南。

3. 质量保证标准

它包括 ISO 9001、ISO 9002、ISO 9003 三个标准，是质量体系认证的依据。所有企业申请质量体系认证时，认证机构都是依据以上三个标准中的一个对企业进行审核的。也就是企业通过质量体系认证只有三种：ISO 9001 体系认证，ISO 9002 体系认证和 ISO 9003 体系认证。

4. 质量管理标准

这类标准的总编号为 ISO 9004，包括 4 个分标准，目的是用于指导企业进行质量管理和建立质量体系，是一个指导性标准。

5. 支持性技术标准

这类标准的编号从 10001 到 10020，用来对质量管理和质量保证体系中某一专题的实施方法提供指南。

以过程为基础的质量管理体系模式立足于过程质量的管控，以质量管理体系的持续改进为根本目的。过程是一组将输入转化为输出的相互关联或相互作用的活动。过程的三要素包括输入、输出和活动过程。在企业中输入和输出都包括有形的产品（如设备、原材料等）和无形的产品（如能源、信息、资金、知识产权、品牌、文化等）。

组织生产经营运作的每一个项目（工作、任务）是由一个或若干个过程组成，这些过程又由一系列子过程组成。

QMS（质量管理系统）的四大过程包括：

（1）产品实现过程；

（2）管理活动过程；

（3）资源管理过程；

（4）测量、分析和改进过程。

其中产品实现过程是主过程，其他三个过程是支持性过程。四个过程分别由一系列不同的子过程组成。

过程与过程之间存在一定的关系，一个过程的输出可直接形成下一个或多个过程的输入。所有过程之间的关系是一个比较复杂的网状关系。

企业必须从增值的角度对过程进行策划并使其在受控条件下运行。

在产品实现过程中，物流是根本，信息流是关键。生产制造型企业的管理一切应围绕着物流、信息流和资金流进行。只有物流不断增值，企业才能生存与发展；信息流的作用与价值在于能确保和促进物流的增值。

（一）质量管理体系理论依据

质量管理体系遵循的理论依据是通过不断质量改进，达到产品使顾客满意。顾客的需求来自两个层次，一个是现实的需要，二是潜在的需求，顾客的需求和期望是不断变化的，随着竞争压力的增大和技术的发展，企业要主动持续改进产品和过程质量，不断满足顾客潜在的需求。

质量管理工作体系的方法是从分析顾客需求出发，严格控制规定的工作过程，并保证整过程持续受控，最终获得顾客的信任。质量管理体系一方面提供持续改进的框架，以增加顾客和其他相关方的满意度，另一方面保证持续提供满足要求的产品，取得顾客的信任。

需要注意的是，质量体系的要求不等于产品要求。

（二）QMS 的要求

QMS 的通用性要求是 ISO 9001：2008（GB/T 19001），它适用于所有经济领域。QMS 本身不规定产品的要求，具体的产品要求是通过规定技术规范、产品标准、过程标准、合同协议、法规要求来实现的。

（三）建立、实施、保持和改进 QMS 的步骤

（1）确定顾客的需求和期望；

（2）建立企业的质量方针和质量目标；

（3）确定实现质量目标必需的过程和职责；

（4）确定和提供实现质量目标必需的资源；

（5）规定测量每个过程的有效性和效率的方法；

（6）应用这些测量方法确定每个过程的有效性和效率；

（7）确定防止不合格品产生的措施；

（8）应用持续改进 QMS 的过程。

（四）过程方法

系统地识别和管理企业组织的管理活动的过程，特别是这些过程之间的相互作用，称为过程方法。光伏企业的 QMS 是围绕质量管控展开的系统性工作，ISO 9001 是针对设计开发、生产、安装和服务的全过程的质量保证模式，ISO 9002 是针对生产和安装的质量保证模式，ISO 9003 是针对最终检验和试验的质量保证模式。管理内容包括确定管理过程活动的职责、权限，确定为确保过程有效运行所需的准则和方法；过程所使用的资源、过程之间的接口（沟通方法），监视、测量和分析过程，实施必要的措施保证过程的持续改进。管理的着眼点在于过程的绩效，是否满足顾客的要求。

过程方法运用 PDCA（策划—实施—检查—改进）模式，实现对过程持续改进的动态循环，可以实现对过程的连续控制，最终使企业在业绩、效率和成本方面得到最佳的数据。

（五）质量方针目标

1. 质量方针和质量目标的作用

质量方针和质量目标的建立，为企业提供了指导方向，确定了期望结果，并帮助企业利用其资源得到这些结果。质量目标的实现对管理的有效性、产品质量、财务业绩都会产生积极的影响。

2. 质量方针与质量目标之间的相互关系

质量方针为建立和评审质量目标提供了框架；质量目标需与质量方针和持续改进的承诺相一致，其实现需是可测量的。

（六）文件体系

文件的价值在于沟通意图、统一行动。使用文件有助于满足顾客要求和质量改进，提供适宜的培训。文件具有重复性和可追溯性，可以提供客观证据。文件体系有助于评价质量管理体系的有效性和持续的适宜性。

（七）质量管理体系内审评价

QMS 建立后，必须开展相应评价，即内部审核，主要评价过程的四个基本问题：

• 过程是否已被识别并得到适当安排；

• 职责是否已被分配；

• 程序是否得到实施和保持；

• 在实现所要求的结果方面，过程是否有效。

（八）认证

第三方依据程序对产品、过程或服务在符合相关规定和要求方面给予书面保证（合格证书）。认证的总体目标是使所有相关方相信企业的产品、管理体系满足规定要求。认证的价值取决于第三方评定的公信力。

第三方认证的要点如下：

（1）要由有条件的第三方进行认证；

（2）对象是产品和管理体系；

（3）依据是相关技术法规或者标准；

（4）证明方式是合格证书或认证证书；

思考与练习

1. ISO 9000 标准族包含哪些内容？

2. ISO 9001 标准的结构体系有哪些？

3. 如何理解 ISO 9001 质量体系是"以过程为基础的质量管理体系"？

4. 一个组织质量管理体系的设计和实施受哪些因素的影响？

任务二　ISO 9001 质量体系的建立

一、ISO 9001 质量体系的结构层次

ISO 9001 质量体系的文件体系结构可分为四个层次：质量手册；程序性文件；作业指导书（含检测细则、操作规程）；质量记录（表格、报告、记录等）。

质量手册是阐述一个企业的质量方针，并描述其质量体系的文件。质量手册应描述质量体系范围，各过程之间的相互衔接关系，及各过程所要求形成的控制程序，它对企业的组织结构（含职责）、组织程序、活动能力作出规定。它不仅是质量体系的表征形式，更是质量体系建立和运行的纲领，是企业应长期遵循的纲领性的文件。

程序性文件是描述各职能部门的质量活动和具体工作程序的文件，它对各职能部门质量活动和具体工作程序中的细则作出规定，主要回答如何做的问题，供机构各部门使用，属支持性文件。它用以保证过程和活动的策划、运作得到有效组织和连续的控制。

作业指导书是供具体工作人员使用的详细文件，是质量控制活动的技术依据和管理性文件的实施依据，主要回答依据什么执行的问题，属于执行性文件，用以指导操作人员完成各项质量控制活动，主要供操作者个人使用。

质量记录为质量体系运行的事实依据，是质量体系运行有效性的客观证据，也是完成某项活动的证据，主要回答执行结果如何，属于证实性监督文件。质量记录可以产生于企业内部，也可以来自企业外部。

表 7-1 是某光伏组件企业的质量文件体系清单。

表 7-1　质量文件体系清单

序号	分类	主导部门	文件名称	对应的质量记录
1	一阶	管理层/管代	《质量手册》	
2			《信息沟通控制程序》	会议记录,联络单,提案改善表
3			《管理评审控制程序》	会议通知单,管理评审会议议案执行报告
4		行政人事部	《人力资源培训控制程序》	人员需求申请表,求职登记表,内部培训签到及考核表,年度培训计划表,员工履历表,年度教育训练调查表
5			《基础设施和工作环境控制程序》	车间厂房图,公司布局规划图,环评报告
6		品管部	《文件控制程序》	程序文件清单,文件发放/回收记录表,外来文件登记表,文件发放通知/申请单
7			《记录控制程序》	记录清单,记录查阅、借阅登记表,记录销毁申请,文件资料销毁登记表,文件制定/更改审批表
8			《不合格品控制程序》	IQC检验报表,物料评审报告,层压前巡检报表,层压后巡检报表,退料单,OQC日常抽检报告,出货抽检报告,不合格品隔离、处理追踪表
9			《纠正措施控制程序》	纠正及预防措施要求,客户反馈信息处理报告,停工标贴
10			《预防措施控制程序》	FMEA表,电子档
11	二阶		《内部审核控制程序》	年度内部审核计,内部审核计划,审核检查表,内审不合格项改善报告,质量管理体系审核报告,会议签到表,会议记录,不合格项分布表
12			《产品标识和可追溯性控制程序》	生产日报表,首件检验报表,流程卡,OQC日常检验报告,成品出货检验记录,品质异常反馈单,材料检验报告表,生产入库申请单,材料(成品)进出单
13			《数据分析控制程序》	纠正及预防措施要求,控制图,推移图,柏拉图
14			《产品的监视和测量控制程序》	IQC检验报表,物料评审报告,首件检查报告,IPQC巡检报表,不合格评审表,停工标贴,OQC日常检验报表,纠正及预防措施要求
15			《持续改进控制程序》	改进计划,异常报告,项目改进表,改进措施单
16		技术部	《工艺变更控制程序》	工艺变更申请表,工艺变更通知单
17			《监视和测量装置控制程序》	量规仪器总表,量规仪器履历表,计量器具日常保养表
18			《设计开发控制程序》	设计开发申请通知单表,设计开发计划表,设计开发评审报告,流程分析表,QC流程图,制造工时表,试量产确认报告,QC流程图,产品图面
19		仓库	《物料控制程序》	入库单,出库单,物料清单,库存品重验单,月份盘点表,材料(成品)进出单,领料单,材料退库单
20		采购部	《供应商管理控制程序》	供应商审核表,供应商考核表,合格供应商名单,供应商基本资料调查表,供应商实地评估项目表,供应商评估报告,供应商质量月报表,供应商供货成绩月报表
21			《采购控制程序》	采购立项单,合同,样品认可申请单,对账明细表
22		生产部	《生产计划控制程序》	生产计划单,生产计划完成统计分析表
23			《生产过程控制程序》	生产入库申请单,生产加工单,不合格品评审处置单,材料退库单,返修日报表,预防措施改善单

序号	分类	主导部门	文件名称	对应的质量记录
24	二阶	市场部	《顾客财产控制程序》	客户供料异常单
25			《与顾客沟通及客诉处理控制程序》	客户抱怨处理对策单,客户抱怨记录表,客户抱怨统计表,订单评审表,订单指令,样品管制表,样品单指令
26			《顾客要求及合同评审控制程序》	报价单,订单变更/取消通知,订单跟踪一览表
27			《顾客满意度调查控制程序》	客户满意度调查表
28		行政人事部	《各部门岗位职务说明书》	
29			《招聘工作流程》	
30			《基础设施保养流程》	
31			《岗位技能培训手册》	
32			《实验室管理规定》	
33			《文件编码与撰写规范》	
34			《年度品质目标》	
35			《记录表单控制工作流程》	
36			《品质体系文件审批工作流程》	
37			《外来文件的批准及发放管理规定》	
38			《抽样方案管理规定》	
39			《IQC 检验工作流程》	
40			《IPQC 检验工作流程》	
41			《OQC 检验工作流程》	
42			《停工作业流程》	
43	三阶	品管部	《8D 工作流程》	
44			电池片来料检验指导书	
45			玻璃来料检验指导书	
46			边框来料检验指导书	
47			EVA 来料检验指导书	
48			背板来料检验指导书	
49			涂锡带来料检验指导书	
50			助焊剂来料检验指导书	
51			镶边带来料检验指导书	
52			接线盒来料检验指导书	
53			高温粘合带来料检验指导书	
54			标贴拉力检验指导书	
55			硅胶来料检验指导书	
56			木箱来料检验指导书	
57			高温布来料检验指导书	
58			焊锡丝来料检验指导书	
59			准备组巡检指导书	

序号	分类	主导部门	文件名称	对应的质量记录
60			装配组巡检指导书	
61			层压组巡检指导书	
62		品管部	包装组巡检指导书	
63			成品入库检验指导书	
64			成品出货信息检验指导书	
65			成品装柜检验指导书	
66			《工序流程图》	
67			《可靠性测试工作流程》	
68			《测量系统分析工作流程》	
69			《物料清单工作流程》	
70			《工装夹具管理规定》	
71			《恒温烙铁管理规定》	
72			《样板评估工作流程》	
73			《SPC工作流程》	
74			《背板裁切机操作与保养作业指导书》	
75			《EL测试仪操作与保养作业指导书》	
76			《电池片拉力测试仪操作与保养作业指导书》	
77		技术部	《真空干燥机操作与保养作业指导书》	
78			《焊接流水线操作与保养作业指导书》	
79	三阶		《打包机操作与保养作业指导书》	
80			《导电带裁切机操作与保养作业指导书》	
81			《空压机操作与保养作业指导书》	
82			《太阳能单片测试仪操作与保养作业指导书》	
83			《太阳能组件测试仪操作与保养作业指导书》	
84			《激光划片机操作与保养作业指导书》	
85			《组框机操作与保养作业指导书》	
86			《干燥机操作与保养作业指导书》	
87			《层压机操作与保养作业指导书》	
88			《监视和装置控制程序》	
89			《设备维护管理控制程序》	
90			《化学危险品管理制度》	
91		仓库	《成品进出库工作流程》	
92			《物料进出库工作流程》	
93			《物料退库工作流程》	
94			《准备组工作流程》	
95		生产部	《装配组工作流程》	
96			《层压组工作流程》	
97			《包装组工作流程》	
98		市场部	《出货处理工作流程》	
99			《订单处理工作流程》	

二、光伏企业 ISO 9001 质量体系的构建

光伏企业质量体系的构建可参考表 7-2。

表 7-2　光伏企业质量体系构建工作表

步骤	序号	工作项目		责任部门	完成时间	工作输出
体系准备	1	成立质量管理体系建设组织机构	质量管理体系组织机构建议	质量管理科	2012/08/15	组织机构成立的申请报告
			任命公司管理者代表	综合管理科	2012/08/18	任命书
			各部门设置公司级体系管理员	各部门	2012/08/21	公司级质量体系管理员申报表
	2	基础培训	质量管理体系文件编制	质量管理科	2012/09/28	培训课件、培训记录
			ISO 9001:2008 标准	质量管理科	2012/10/15	培训课件、培训记录
体系策划	3	总体策划	质量管理体系建设方案	质量管理科	2012/9/11	质量管理体系建设方案
	4		公司质量管理体系建设计划	质量管理科	2012/9/12	质量管理体系建设计划
体系建立	5	质量方针、质量目标制订		管理者代表	2012/08/20	质量方针、质量目标
	6	质量手册	编制	质量管理部	1012/10/3	质量手册初稿
			评审	管理层	2012/10/8	评审记录
			批准	总经理	2012/10/12	质量手册批准版
	7	程序文件、第三层次质量管理文件制订	产品开发	技术中心	按质量管理体系建设计划	产品开发系统文件
			采购与供应商管理	采购管理科		采购与供应商管理系统文件
			生产制造	生产管理科		生产制造系统文件
			质量保证	质量管理科		质量保证系统文件
			人力资源管理	综合管理科		人力资源管理系统文件
			营销与服务	销售公司		营销与服务系统文件
	8	空白质量记录表格汇总整理		质量管理科	2012/10/15	空白质量记录表格
执行	9	体系试运行	质量管理体系文件培训	综合管理科各部门	文件批准后两周内	培训记录
	10		体系试运行	各部门	文件批准后	运行记录
	11	质量管理体系内部审核	年度审核计划	质量管理科	2012/11/2	年度审核计划
			期中滚动检查	质量管理科	按计划进行	检查结果
			内审员培训	质量管理科	2012/7/15	培训课件与培训记录
			全面内审：组建审核组、内部审核实施计划、编制查核清单、收集审核资料、实施审核、编制审核报告、召开整改会议	质量管理科	2012/10/15	内部审核实施计划、查核清单、审核记录、审核报告、不合格项报告、整改会议纪要
			内审问题整改	各部门	2012/10/25	不合格项报告整改结果

步骤	序号	工作项目		责任部门	完成时间	工作输出
执行	12	管理评审	管理评审方案	质量管理科综合管理科	2012/11/5	管理评审方案
			管理评审材料准备	各部门	2012/11/15	管理评审材料
			管理评审会	质量管理科综合管理科	2012/11/20	会议纪要
			管理评审改进项目整改	各部门	2012/11/30	管理评审改进项目整改结果
体系认证	13	ISO 9001 认证公司选择与确定		质量管理科	2012/08/10	ISO 9001 认证公司
	14	ISO 9001 认证方案的确定		质量管理科	2012/08/20	ISO 9001 认证方案
	15	ISO 9001 文件审核		认证公司	按认证方案进行	ISO 9001 文件审核报告与整改结果
	16	ISO 9001 认证现场预审核与问题改进		认证公司各部门	按认证计划进行	预审核报告、问题改进结果
	17	ISO 9001 认证现场正式审核与问题改进		认证公司各部门	按认证计划进行	正式审核报告、问题改进结果、ISO 9001:2008 证书

思考与练习

1. ISO 9001:2008 规定组织要有哪几个"形成文件的程序"？

2. 质量管理体系中使用的文件体系分哪几层？具体内容有哪些？

3. ISO 9001 质量体系的要素分几层？

任务三 质量手册的编写

质量手册是对质量体系作概括表述，指导质量体系落实的主要文件，是企业质量管理和质量保证活动应长期遵循的纲领性文件，具有以下特性：

（1）质量手册是阐明一个组织的质量方针，并确定其质量体系的文件；

（2）质量手册是证明或描述质量体系的主要文件；

（3）质量手册规定质量体系基本结构，是组织实施和保持质量体系运行应长期遵循的文件；

（4）质量手册至少应包含企业组织的质量方针和对所采用的质量体系标准的全部适用要素的描述。

质量手册的作用如下。

● 它是就最高管理者确定的质量方针和目标与企业的职员、顾客和供应商相互沟通的桥梁。

● 树立公司最佳形象，赢得客户的信任，满足合同规定的要求。

● 对供应商施加影响，使之对所提供的产品提供有效的质量保证。

● 为贯彻质量体系，按授权的引用标准行事。

● 规定与质量活动相关的各部门的组织结构和职责。

- 保证质量管理工作有序和有效进行。
- 就质量体系的各要素对全体员工进行培训，使他们认识其工作对最终产品质量的影响，帮助员工提高自身素质。
- 作为质量审核的依据。

质量手册一般包含的内容如下。

1. 封面

质量手册是组织质量管理的纲领性文件，应纳入组织标准体系内，质量手册的封面应按组织管理标准的统一封面格式编制。一般应包括文件编号、手册名称、组织名称、发布及实施日期等。

质量手册的编号应按组织管理标准的统一编号办法进行。通常编号由组织代号、部门代号、标准性质代号、标准顺序号和年代号等五个部分组成。

2. 批准页

批准页是质量手册的发布令，一般由企组织最高管理者签字发布，其内容主要是说明质量手册的重要性及各部门的实施要求，以及何年何月何日起实施。

3. 目录

由于质量手册篇幅较长，为了查阅方便，必须编写目录。目录应列出手册所含各章节的题目和页码。各章节及前言、附录等的编排应清楚、合理。

4. 主题内容与实用范围

在这一部分应标出手册的适用领域，包括关于质量管理体系要求内容的增加及剪裁情况，以及质量手册不适于哪些场合、不涉及什么内容等。这部分内容也可以放在前言中一并阐述。

5. 前言

前言内容主要有组织基本情况，如组织名称、地址、规模、通讯方式等，另外还有企业组织发展概况，尤其是企业组织的质量管理历史及在质量方面所获得的荣誉，实施 ISO 9000 的动机、目的等。

6. 质量手册的管理

说明质量手册由哪个部门负责编制，谁负责审批、更改、发放、保管、作废，如何控制。

7. 术语和缩写

关于质量管理方面的术语，应采用《ISO 9000:2000—质量管理体系基础和术语》中的定义。其他可能引起业主、职员及使用者误解或难于理解的专门用语应予以解释和定义。缩写是对质量手册中反复出现的较长的词汇，为了节省篇幅或使用方便而用的简称。如将"全面质量管理办公室"简记为"全质办"，将质量管理缩写成"QM"，"质量管理小组"缩写为"QM 小组"等。

8. 组织机构

要明确本单位的机构设置，分条款阐明各管理部门、执行部门和验证职能部门的职责、权限以及隶属和分工关系。一般可先画出企业组织总的结构图，再进一步画出质量管理组织结构图，然后分条款阐述与质量有关的主要部门的职责、职权等。

9. 附加说明

附加说明一般包括质量手册的起草单位、起草人等需要说明的事项。

10. 质量职能

该部分以职能分工表的形式，将各质量管理体系要求分发到各个部门，使各项要求保证得到落实。一般是将选定的质量管理体系要求进行分解，展开为一项项的具体质量活动，然后针对每一项质量活动确定负责部门和配合部门，最后将各个要求落实到各个部门。

11. 质量管理体系要求

这是正文中的主要部分。要针对所依据标准的各条要求，就如何进行企业质量管理和控制一一予以阐述。手册中各项内容的先后顺序尽可能与标准内容顺序一致，以便于对照。编制手册时必须注意覆盖标准要求，不能随意取舍或不加任何说明。其他如组织结构图、质量职能展开表以及质量手册涉及的图表等均可放在附录中。

表 7-3 所示是某光伏企业的 ISO 9001—2008 质量手册中的质量管理体系过程职责分配表。

表 7-3　某光伏企业质量管理体系过程职责分配表

GB/T 19001—2008 条款 / 条款要求	总经理	管理者代表	技术管理部	生产计划部(含车间)	品质部	市场部	资材部	综合部
4.1　总要求	▲	△						
4.2.1　总则		▲	▲					
4.2.2　质量手册			▲					
4.2.3　文件控制			▲	△	△	△	△	△
4.2.4　记录控制			▲	△	△	△	△	△
5.1　管理承诺	▲							
5.2　以顾客为关注焦点	▲			△	△	▲	△	△
5.3　质量方针	▲		▲					
5.4.1　质量目标	▲		▲	▲	▲	▲	▲	▲
5.4.2　质量管理体系策划	▲		▲	△	△	△	△	△
5.5.1　职责和权限	▲		▲	▲	▲	▲	▲	▲
5.5.2　管理者代表	▲	▲						
5.5.3　信息沟通	▲	△	▲	▲	▲	▲	▲	▲
5.6　管理评审	▲		▲	△	△	△	△	△
6.1　资源提供	▲							
6.2　能力、培训和意识			△	△	△	△	△	▲
6.3　基础设施			▲				△	
6.4　工作环境			▲	▲	△		△	△
7.1　产品实现的策划			▲	△	△		△	
7.2　与顾客有关的过程					△	▲		
7.4　采购				△	△		▲	
7.5.1/2　生产和服务提供			▲	▲	△	△	△	

GB/T 19001—2008 条款	职能部门 条款要求	总经理	管理者代表	技术管理部	生产计划部(含车间)	品质部	市场部	资材部	综合部
7.5.3	标识和可追溯性				▲	▲	△	▲	
7.5.4	顾客财产			▲	△				
7.5.5	产品防护				▲	▲	△	▲	
7.6	监视和测量装置				▲	△	△	△	
8.2.1	顾客满意				△	△	▲		
8.2.2	内部审核	▲	▲	△	△	△	△	△	△
8.2.3	过程的监视和测量		▲	▲	▲	▲	▲	▲	▲
8.2.4	产品的监视和测量			△	▲	△	△		
8.3	不合格品控制			△	▲				
8.4	数据分析			▲	△	△	△	△	△
8.5.1	持续改进			▲	△	△	△	△	△
8.5.2	纠正措施			▲	△	△	△	△	△
8.5.3	预防措施			▲	△	△	△	△	△

注:"▲"为主要职能部门;"△"为相关部门。

项目八 质量管理体系的内审

项目目标：

了解质量管理体系内审的重要性，掌握质量管理体系内审的方法，能制定企业体系内审工作计划，开展企业内部质量管理体系的审核。

核心概念：

质量审核 质量管理体系内审 审核员 审核准则

任务一 质量管理体系内审认识

一、质量体系内审概述

（一）定义

质量体系内审是质量体系评价的一种方式，是对质量体系各个要素进行符合性检查，以实现质量方针中所规定目标的一种管理手段。质量体系内审可以针对质量管理体系所涉及的所有工艺、场所、活动、过程、产品或服务进行，也可以针对其中部分内容进行。

（二）审核内容

（1）企业组织的生产过程是否稳定。

（2）生产过程的具体实施。

（3）实施的依据是否符合要求。

（三）质量体系审核分类

按质量体系审核的目的和审核人员的单位不同，质量体系审核可以分为内部质量体系审核和外部质量体系审核。内部质量体系审核是企业组织的名义，由组织内部人员或适当聘请外部专家协助参与，对自身的质量体系所进行的审核，也称第一方审核。外部质量体系审核是企业以外的人员或机构对企业的质量体系进行的审核，它又可分为需方对供方的质量体系的实施审核（第二方审核）和独立的第三方机构实施的审核（第三方审核）。

按审核对象分，质量体系审核可分为质量管理体系审核、过程质量审核和产品（服务）审核。

（四）审核准则（审核依据）

质量管理体系审核准则通常按审核目的以及对企组织自身的重要程度来确定，它包括以下几方面。

（1）选定的质量管理体系标准。

（2）质量管理体系文件，如质量手册、程序文件、作业指导书等。

（3）顾客要求和期望，如合同、协议等。

（4）法律、法规和强制性标准。

（五）审核应坚持的原则

1. 审核的客观性、独立性原则

客观性要求审核员站在客观、公正的立场，依据客观事实，作出客观判断。独立性要求审核工作应由与被审核对象无关的人员进行。审核组长应独立行使判断、决定、报告的权力。

2. 遵守保密原则

审核人员应遵守职业道德，不向任何第三方泄露审核中获得的任何信息资料或发现的问题。

（六）质量体系审核步骤

（1）进行审核策划，编制年度审核计划和实施计划（确定审核组成员、做审核准备、编制检查表、确定审核准则和审核时间等）。

（2）实施现场审核。按准备好的计划实施现场审核，进行现场的评价。现场审核的目的是寻找符合或不符合标准的证据。不管是符合的还是不符合的，都要把有关过程的证据记录下来。如果不符合，要开具不符合报告。只有符合标准的证据比较多，才能证明这个体系运行得好。

（3）要有正式的审核报告（包括总体情况、分支情况、是否有效等）。现场审核证据要真实有效，对不符合标准的问题，最后还要制定纠正措施，并跟踪纠正措施的实施情况。

二、企业内审员

企业内审员一般由国家认监委认可的具有 ISO 相关体系咨询资质的机构培训，考核合格后才可以担任企业内审员。内审员只适用于企业（单位）的内部审核，要求熟悉企业运转流程及管理职责权限。内审员担任的是内部管理评审、查漏、监督、提出整改方案的工作。内审员通常由既精通 ISO 9000 国际标准，又熟悉本企业管理状况的人员担任。按照 ISO 9000 标准的要求，凡是推行 ISO 9000 的企业组织每年都要进行一定频次的内部质量审核，内部质量审核由经过培训的有资格的内审员来执行审核任务。所以，凡是推行 ISO 9000 的组织，通常都需要培养一批内审员。内审员可以由各部门人员兼职担任。相对于内审员的是国家注册审核员，一般要取得这种资格需经过更为严格的培训考试和实习期。一般企业进行体系认证，可先组织内审员对自己的企业进行审核，以确定体系运行是否有效，对审核中发现的不合格情况及薄弱环节进行整改，再由认证机构派出审核组对企业进行审核，从而获得认证资格。

内审员的注册不是强制性的，质检机构可以自己任命内审员，内审员一般应具备下列条件。

（1）具有中专以上学历，工程师以上职称。需接受有内审员培训资格的机构的培训，并取得培训合格证书。

（2）三年以上工作经验，至少有一年质量管理和实验室管理经验。

（3）思路开阔、成熟，有很强的判断和分析能力，看问题客观公正，坚持原则。

（4）了解审核程序、方法和技巧；熟悉机构组织情况、管理体系文件；掌握基本的法律法规知识。

（5）对质量管理的原则和技术熟练，了解作业过程、产品和服务。

审核员的职责如下：

（1）在确定的审核范围内进行工作；

（2）收集和分析与受审核的质量体系有关的证据；

（3）将观察结果整理成书面资料；

（4）报告审核结果；

（5）验证由审核结果导致的纠正措施的有效性（当委托方提出要求时）；

（6）收存、保管和呈送与审核有关的文件；

（7）配合和支持审核组长的工作。

内审员组长的职责如下：

（1）全面负责各阶段的审核工作；

（2）协助选择审核组的成员；

（3）制定审核计划、起草工作文件、给审核组成员布置工作；

（4）代表审核组与受审核方领导接触；

（5）及时向受审核方报告关键性的不合格情况；

（6）报告审核过程中遇到的重大障碍；

（7）有权对审核工作的开展和审核观察结果作出最后的决定；

（8）清晰、明确地报告审核结果，不无故拖延。

内审员的专业技能要求如下。

（1）应知内容

① 质检机构检测工作全过程；

② 质检机构质量管理体系及其文件、组织结构、职能和相互关系、机构的基本业务过程和有关术语；

③ 质量认证（验收）评审准则；

④ 质检机构所采用的现行检验规则、评价标准、规程规范；

⑤ 相关的法律规范基础知识。

（2）应会内容

① 审核方案策划，审核实施计划的编制；

② 组成审核组；

③ 编制审核检查表；

④ 审核的方法、技巧；

⑤ 不合格项的确定与相关报告的编写；

⑥ 审核结果的汇总分析；

⑦ 审核报告的编写；

⑧ 纠正措施的验证；

⑨ 组织首、末次会议。

思考与练习

1. 内部审核的目的与作用是什么？

2. 质量内审员应具备哪些条件？

3. 企业内审方案的内容有哪些？

4. 企业质量内审的准则是什么？

任务二　质量管理体系的内审要点

内部审核的基本依据是选定的标准和质量管理体系文件。表 8-1 中所列的内审要点是按 GB/T 19001—2008/ISO 9001:2008 标准条目安排的，侧重针对每一个要素的审核要点进行审核说明。

表 8-1　内审要点

标准条款	审核要点	审核方法、思路
范围	组织 QMS 覆盖范围和过程是否有缺失	现场询问、观察，了解作业流程
	QMS 有无删减，是否具有合理性	查手册说明、根据组织活动确认是否合理
总要求	QMS 是否建立、实施、保持和改进	从体系文件编制、运行、各过程控制、监视和测量、内审、管理评审综合评价
	QMS 过程是否被确定和管理？过程间顺序及关系是否被确定和管理	
	组织 QMS 关键过程所需资源和信息是否充分	
	组织 QMS 及过程测量和监控点是否确定并有效，对测量和监控结果是否有分析、改进活动	
	外包过程有无控制	
总则	QMS 文件中是否包含了质理方针、目标、手册、6 个程序及其他文件	查阅文件清单、调阅相关文件，并结合现场审核综合评价
	标准要求的记录是否进行了控制（管评、培训、策划、产品要求评审、设计、供方评价、内审等）	先文件审核，再在具体条款审核时验证
	文件详略是否适宜	审核时，依据人员素质、控制效果等综合判断
质量手册	范围是否明确，删减是否有说明，并充分、可信	查阅手册、结合现场审核
	结其他程序文件有无引用	
	过程间的作用及接口关系是否明确	

标准条款	审核要点	审核方法、思路
文件控制	是否编制了文件控制程序，并包括了内、外部文件；各种类型和媒体文件	查阅程序文件、结合现场审核
	文件发布前是否审批其充分性、适用性	查程序规定、抽查几份文件看执行情况
	文件再评审、更新有无涉及，并再次批准	再评审规定，抽查更新文件有无再评审
	文件的更改和现行修订状态是否可识别	查文件规定，及控制情况
	各现场能得到有效版本的文件	查现场文件持有情况
	文件是否清晰、易于识别	查看文件
	外来文件有无识别，并控制分发	查接收部门对外来文件的处理情况
	作废文件处理是否符合要求	查文件管理部门及相关部门
质量记录	是否编制了记录控制程序	查阅程序文件，结合现场审核，重点看其规定有无执行，是否符合企业实际，可操作性如何
	程序文件中有无规定记录的标识、储存、保管、检索、保存期和处置所需的控制	
	记录是否清晰、易于识别和检索	在各部门审核时，调阅相关记录，检查其检索方法是否可行、方便

思考与练习

1. 某光伏公司新产品研制由产品设计工艺负责人主管，从研制到投产所有技术问题均由他一个人负责。审核员想了解产品工艺的有关规定，开发部经理对他说："这些东西都在产品设计工艺负责人脑子里，为了保密，在个人的笔记本里有记录，没有整理成文件。"审核员要求索看笔记本，经理拿来一个项目的笔记本，审核员看到上面密密麻麻写了很多的内容，多是平时做试验的记录，没有一定的格式。审核员问开发部经理："你看得明白吗？"经理说："都是当事人自己记的，我一般不看他们的记录，一切由产品设计工艺负责人自己负责。"审核员看到该公司多数的研制人员都是原来从研究所出来的，平均年龄大概50岁以上。审核员问："这些笔记本以后上交吗？"经理说："没有明确的规定。"审核员问："如果设计人员不在了怎么办？"经理答："不知道，好多年来都是这么规定的，没考虑以后的事。"

请具体运用质量体系标准条款对上述情况作出内审评价。

2. 红光硅片厂将切割浆料配置车间承包给了一个员工负责，于是该车间成了该厂主要生产原料的供方。审核员在查阅供销科提供的合格供方名录时发现，切割浆料供方的名称是"红光硅片厂"。审核员问："你们怎样控制该车间的质量？"供销科长说："我们只要对其进货检验，合格就行了，别的方面我们管不了，他们与厂里有承包合同，你得问厂长去。"审核员在厂长处查看该车间与工厂的承包合同，看到上面仅规定了每年应该向厂里上缴的利润。

请具体运用质量体系标准条款对上述情况作出内审评价。

3. 审核员在工厂销售科看到顾客来信，反映上个月采购的产品的包装盒内的说明书给错了。销售科长说："我们查了一下，发现是印刷厂给印错了，为此我们立即把仓库里尚未发出的那批产品说明书全部进行了更换，并且我们对供应科的采购员也进行了批评，还扣发了他当月的奖金。"审核员问："那么对于上批产品发出的去向是否进行了跟踪，并把说明书进行了更换？"销售科长说"没有，因为我们的用户都是老用户，他们对产品很熟悉，一般不会出问题的。"

请具体运用质量体系标准条款对上述情况作出内审评价。

任务三　光伏企业质量体系内审运行

一、作好审核准备

（一）指定审核员和组成审核组

在进行审核前，管理者代表审核小组，任命审核组长及审核员。选择内部审核员应注意以下问题：内部审核员应通过培训取得审核资格，特殊情况下可吸收业务专家加入审核组；内部审核员对被审核对象专业知识应有一定了解，应充分考虑审核组成员的个人素质、相互协调能力并进行专业分工搭配。

（二）收集有关文件进行文件审查

内部审核与外部审核一样，也有文件初审的任务，所不同的是外部审核可能因为文件严重不合格而中止审核，要求重新编写；内部审核是在企业组织已建立了文件化的质量管理体系并在正常运行的情况下进行的，故不存在重新编写问题。

文件审查的目的是重新识别过程网络，了解体系活动过程的重点，了解文件规定的各项要求，审核文件的符合性、适宜性。

文件审查的重点是收集与被审核部门有关的程序、作业指导书，并与标准、质量手册、合同和法律法规进行比较，检查是否符合依据，同时检查相互之间的分工是否明确，内容是否协调等。

二、制定审核实施计划

列出相关文件，注明审核目的、审核性质、审核范围、审核依据、审核时间、审核组长等。

三、编制审核检查表及实施审核

检查表是审核员进行审核的工具，也是审核的原始资料之一。编写检查表是审核的一项重要内容。

（一）审核检查表的作用

(1) 保持清楚的审核目标，与内部审核目标有关的样本内容、抽样方法等问题都能在检查表中得以体现，从而确保审核的准确性和完整性。

(2) 能使审核紧扣主题，减少随意性和盲目性，使审核得以顺利进行。

(3) 在现场审核受到干扰时，可以提醒内审员按照策划好的审核内容和预期目标进行调查取证，提高审核效率，防止偏离或缺漏。

(4) 作为审核报告的历史参考文件，可以作为审核记录存档备查，以保证审核记录的可追溯性。

(5) 确定审核路线和审核策略，保证审核的系统性和有效性。

（二）编制检查表的方法

检查表的设计要根据审核准则的要求，列出受审核部门所需审核的内容和审核方式，要求详略得当，以提高可操作性为基本原则。编制检查表通常采用以下几种方法：

(1) 应对照相关准则或文件按审核要素编写；

(2) 应选择典型的关键质量问题；

(3) 应突出审核对象的主要职能，兼顾其他职能；

(4) 要选好准备审核的项目及要寻找的客观证据；

(5) 应有可操作性，并确定审核策略；

(6) 时间上留有余地，以便随时调整；

(7) 内审检查表的格式可相对固定，内容应相对稳定；

(8) 应覆盖准则的全部要素，不应局限于质量标准方面的要求，可包括特殊技术要求。

（三）内审检查表的使用

有了检查表，可使审核工作有序、按计划进行，能提高审核效率，但如果不注意灵活应用，也容易陷入机械呆板的工作局面。所以，有经验的审核员在按照检查表检查的同时，会十分注意灵活应用检查表的内容，并高度重视检查表以外的内容，以发现一些未列入检查表中的问题。检查时不应只采用"是/否"问答的模式，否则容易导致审核失败；切忌机械地从检查表的第一个问题按顺序开始，应该把提问、评价、记录相结合，综合应用。不要照着事先准备好的检查表去宣读一个个问题。

填写检查表是收集审核证据的关键环节，审核证据是对事实的具有可验证性的信息、记录或陈述。对收集的证据要做好记录，审核记录应客观、真实、具体、完整，有可追溯性。对于符合审核准则的证据可作简要记录；对不符合审核准则的证据要作详细记录，需要把不符合项的事实（包括时间、地点、岗位或区域、仪器编号、记录报告文件编号等）描述清楚，以便于对不符合项的判定以及受审核部门的确认。检查表样式无统一规定，由各企业组织自行设计。表8-2是某企业的内审检查表的部分内容。

表8-2　内审检查表

TX/R-8.2.2-3   审核员：

审核部门	最高管理者	时　间	年　月　日　　时至　　时		
标准条款	审核要点	审　核　检　查　记　录		检查结果	备　注
总要求	1. 对所建立的质量管理体系是否得以有效实施和保持并改进QMS？	能按标准及体系文件的规定、要求，各职能部门围绕公司质量方针，按照公司质量目标和部门目标展开工作，去年质量体系依据新版 ISO 9001:2008 版质量体系对公司质量体系进行了更新，质量体系保持实施情况良好，对改进QMS也做了一些实质性工作，各方面运转正常		Y	
	2. 对识别、确定的过程，管理情况如何？	对过程能按文件要求的准则和方法进行管理		Y	
	3. 是否对确定的各过程进行监视、测量和分析？	通过查阅"过程检查表"，公司对主要过程进行了监视、测量和分析		Y	

审核部门	最高管理者	时　间	年　月　日　　时至　　时		
标准条款	审核要点	审　核　检　查　记　录		检查结果	备　注
文件要求	所建立的文件详略是否得当、可操作？	根据各部门的运行情况来看，按 ISO 9001：2008 标准建立的文件基本符合本公司的实际情况。同时为了使体系文件更完善，今年对质量手册和程序文件进行了适当的变更，增加对外包过程的描述。通过对文件的不断完善，各部门均反映文件非常适宜操作。所有过程均有相应的建立了相应的文件		Y	
质量手册	质量手册的内容是否适应本公司的实际情况？	根据各部门所汇总的情况来看，各部门根据 ISO 9001：2008 新版质量手册提出的质量方针、目标，明确地展开本部门的工作，实施以来取得比较理想的结果，充分说明该手册内容是适应本公司的实际情况的。同时为了激励各部门为实现目标而努力		Y	
以顾客为关注焦点	如何增强顾客满意为目的，确保顾客的要求得到满足？	顾客的要求一般是通过电话、采购订单传真或者向销售人员提出。对于顾客的要求公司领导都能认真考虑，想方设法予以满足。如为满足客户的要求，重新申请欧洲 TUV、美国 UL、欧共体 CE、国际电工委员会的 IEC 认证，今年已陆续取得证书，虽然增加了几十万的认证费用，但使本公司的组件产品认证得以齐全，使客户的要求得到满足，增强了顾客满意度。本公司始终以客户的要求为关注焦点		Y	

四、召开审核会议

（一）召集首次会议

首次会议是实施审核工作的开端，是审核组全体成员和受审核方领导及有关人员共同参加的会议。首次会议由审核组长主持，向受审核方介绍具体审核内容及审核方法，并协调、澄清有关问题。到会人员要有签到记录。首次会议的作用如下。

（1）传达并落实审核计划。

（2）简要介绍审核采用的方法和程序。

（3）建立审核组与受审核方的正式联系。

（4）提出并落实审核有关要求。

（5）澄清并协调有关审核中产生的问题。

首次会议的要求如下。

（1）确立审核活动的风格。

（2）准时、简短、明了，会议时长以不超过半小时为宜。

（3）获得受审核方的理解并得到支持。

（4）由审核组长主持会议。

（5）参加首次会议的人员应包括：审核组全体成员，高层管理者（必要时），受审核部门代表及主要工作人员等。

光伏企业质量控制与管理

首次会议的主要安排如下。

（1）会议开始。参加会议人员签到，审核组长宣布会议开始。

（2）人员介绍。审核组长介绍审核组成员及分工，受审核部门介绍将要参加陪同工作的人员。

（3）申明审核目的和范围。明确审核目的、审核准则和审核将涉及的部门、班组或岗位。

（4）传达审核计划。审核计划应征得受审核部门的最后确认，一般情况下，审核计划不宜做大的调整。

（5）强调审核的原则。强调审核时的公正客观立场，说明审核是一个抽样过程，有一定局限性，但审核将尽可能抽取其有代表性的样本，使得审核结论公正；说明相互配合是审核顺利进行和获得公正结论的重要条件，提出不合格项报告的形式等。

（6）阐明、澄清有关问题。对有疑问的问题进行澄清，交流双方关心的具体问题，确定末次会议的时间、地点及出席人员等。

（7）落实后勤安排。必要时，应对办公、交通、就餐作出安排。

对于首次会议的其他一些应注意的事项如下。

（1）首次会议应准时开始、准时结束，通常时间不应超过半小时。

（2）会议应始终围绕主题，简明扼要。

（3）对于规模较小、时间较短或常规性的内审，可不开首次会议，有关问题可以用通知审核形式替代。

（4）首次会议应致力于建立一个良好的审核"风格"和"氛围"。

（5）审核组长发现受审核部门重要人物未到场时应询问原因。

（6）审核目的、范围和计划一般不在首次会议上做更改。

（7）要明确陪同人员的作用。陪同人员具有以下作用：

① 为审核组提供支持；

② 可代表受审核方见证审核活动；

③ 确保现场审核员知道有关安全方面的要求。

（8）强调在审核期间，被审核部门负责人应在场。

（二）审核组的内部会议

审核组的内部会议在当天审核工作完成后召开，时长在一小时左右。会议主要有如下内容。

（1）交流审核情况。

（2）讨论、确认不合格项并汇总分析，包括不合格证据是否确切，不合格性质判定是否准确。

（3）对审核结论进行研究，分析质量管理体系的适宜性、符合性和有效性，拟定纠正措施、质量管理体系总体评价意见。

（三）末次会议

末次会议是审核组成员以及被审核方职能部门负责人参加的会议。

末次会议的任务：通报审核情况和结论，以便企业对质量管理体系进行改进；提出后续工作要求。

末次会议由审核组长主持并通报审核过程，宣读审核报告，报告包括的内容如下：

（1）重申审核的目的、依据和范围；

（2）肯定被审核方的成功之处和好的做法；

（3）申明审核是抽样进行的，强调审核的局限性；

（4）宣读审核不合格报告（也可以选择重要部门）；

（5）说明审核报告发布的时间和方式；

（6）征求被审核方的意见，允许进行必要的澄清和说明；

（7）提出纠正措施，包括纪正措施的完成时限以及跟踪验证的方式。

五、编写审核报告

审核报告是说明审核结果的正式文件，应由审核组长在审核后于规定期限内以正式文件的形式提交给企业最高管理者或管理者代表。

（一）审核报告内容

（1）审核的目的、范围。

（2）审核所依据的文件、标准。

（3）审核组成员、受审核部门名称及其负责人。

（4）不合格项报告和不合格项分布表。

（5）审核过程综述，对质量管理体系的评价与审核结论。

（6）报告分发范围。

（7）审核日期、审核组长签字。

（二）审核报告中的审核结论

审核结论必须在对所有审核进行汇总分析的基础上作出，审核报告应包括如下几方面的内容。

（1）质量管理体系在审核范围内是否符合审核准则的要求。

（2）质量管理体系在审核范围内是否得到了有效实施。

（3）管理评审过程是否能确保确保质量管理体系的持续性和有效性。

（三）审核报告的分发和存档

（1）审核报告应当在商定的时间期限内提交。

（2）审核报告应当根据审核方案程序的规定注明日期。

（3）审核报告应提交审核方案管理者审核，管理者代表批准后提交最高管理者。

（4）经批准的审核报告应当及时发给受审核部门的代表。

（5）审核组成员和审核报告的接收者都应保持报告的保密性。

（四）纠正措施和跟踪

在内部审核中，纪正措施具有十分重要的意义，因为内部审核的目的重点在于发现质量管理体系的问题并加以纠正，使质量管理体系不断地完善和有效。因此，提出纠正措施是内部审核的一大任务，也是审核报告的重要内容。

（1）纠正措施建议的提出。审核组对审核中发现的不合格状况，除要求被审核部门负责人确认不合格事实外，还要求他们分析发生不合格现象的原因，并提出纠正措施建议（包括完成纠正措施期限）。

（2）纠正措施的认可、批准和实施。审核部门提出的纠正措施建议，应先经审核组认可，然后交管理者代表批准。认可的目的是审核该建议是否针对不合格原因提出的，是否可行和有效。纠正措施批准后由责任部门组织实施。

（3）纠正措施的跟踪和验证。审核组应对纠正措施的实施情况进行跟踪，即关注纠正措施的实施和完成情况，如发现问题及时向管理者代表汇报。纠正措施完成后，审核员对纠正措施完成情况进行验证，验证内容包括以下5个方面：计划是否按规定日期完成；计划中的各项措施是否都已完成；完成后的效果如何；实施情况是否有记录并妥善保存；如引起程序或文件修改，是否已按文件控制程序办理了修改批准手续。

思考与练习

1. 编制内审表的基本格式包含什么内容？

2. 编制内审表有哪些方法？

项目九　光伏企业质量认证

项目目标：

　　了解光伏企业质量认证的内容，标志，掌握光伏企业质量认证的程序、认证方法和认证执行的标准，能从事光伏企业的质量认证岗位工作。

核心概念：

　　质量认证　质量体系认证　TUV认证　UL认证　CE认证　3C认证　CQC认证

任务一　光伏企业质量体系认证

一、识别管理认证的标志

　　表9-1列出了常用管理认证的标志。目前在光伏企业内的认证主要涉及管理认证（如ISO 9000、ISO 14000等）和产品认证（如3C、UL、TUV等）。

表9-1　常用管理认证标志

ISO 14000 体系认证

ISO 9001 质量体系认证

OHSAS18000 职业健康安全认证

 ISO 9001 质量体系认证	 健康、安全与环境管理体系	

二、质量、环境、职业健康安全管理体系的异同

（一）三个体系的相同点

（1）都是自主采用的管理标准，适用于任何类型与规模的企业组织。

（2）都遵循相同的管理系统原理，通过实施一套完善的系统标准，在企业组织内建立并保持一个完善而有效的管理体系。

（3）通过管理体系的建立、运行和改进，对企业组织的相关活动、生产过程及其要素进行控制和优化，达到预期的目标。

（4）三个体系在结构和要素等内容上存在相同和相近之处。

（5）目的均在于消除贸易壁垒，又都可以成为贸易准入条件。

（6）三个体系的实施均涉及认证审核、认证机构、审核员以及对认证机构及审核员的认可等内容。

（二）三个体系的不同点

（1）三个标准的目的、对象和适用范围互不相同。

（2）对三个体系的要求不同。质量体系要满足质量管理和顾客满意的要求，环境管理体系要服从众多相关方的需求，特别是法规的要求，职业健康安全管理体系关注组织内部员工的人身权利，ISO 9000 标准是对顾客承诺，ISO 14000 标准是对政府、社会和众多相关方（包括股东、贷款方、保险公司等等）承诺；OHSMA18000 是对员工及社会等相关方承诺。

（3）审核准则和解决问题的侧重点不同。

（4）要素的内容不完全相同，有的要素差别较大。

三、ISO 9000 的认证

（一）认证步骤

推行 ISO 9000 有五个必不可少的过程：知识准备—立法—宣传—执行—监督、改进。企业推行 ISO 9000 的典型步骤如下：

（1）企业原有质量体系识别、诊断；

（2）任命管理者代表、组建 ISO 9000 推行组织；

（3）制定目标及激励措施；

（4）各级人员接受必要的管理意识和质量意识训练；

（5）ISO 9001 标准知识培训；

（6）质量体系文件编写（立法）；

（7）质量体系宣传、培训、发布、试运行；

（8）内审员接受训练；

（9）若干次内部质量体系审核；

（10）在内审基础上进行管理者评审；

（11）质量管理体系完善和改进；

（12）申请认证。

（二）认证申请提交的材料

（1）合法、有效的如营业执照。

（2）行业从业资格和法定从业条件证书（如生产许可证、资质证书、安全生产许可证等）。

（3）中国共产党基层组织申请认证需征得上级组织部门同意。

（4）现行有效的管理体系文件（管理体系运行时间不低于 3 个月，三类医疗器械质量管理体系、能源管理体系运行不少于 6 个月）。

（5）体系所涉及的过程、产品及服务的说明。

（6）环境管理体系提供（适宜时）：环评报告及批复意见、环评验收报告、达标排放监测报告、重要环境因素清单、组织平面布局图、排污管网图等。

（7）职业健康安全管理体系提供（适宜时）：重大危险源清单、组织平面布局图、消防验收报告等。

（8）适用的法律法规及标准清单。

（9）组织管理体系涉及的多场所（如子公司、在建工程项目）清单。

（10）认证转换时，提供转换原因说明、有效的认证证书、本周期内历次认证审核报告、不符合情况报告及关闭情况资料。

（三）ISO 9000 认证的优势

ISO 9000 体系认证机构都是经过国家认可机构认可的权威机构，对企业的品质体系的审核是非常严格的。对于企业来说，按照国际标准化品质体系进行品质管理，真正达到科学化的要求，可以极大地提高工作效率和产品合格率，迅速提高企业的经济效益和社会效益。当企业得知供方按照国际标准实行管理，拿到了 ISO 9000 品质体系认证证书，并且有认证机构的严格审核和定期监督后，就可以确信该企业能够稳定地提供合格产品或服务，从而放心地订立供销合同。

许多国家为了保护自身的利益，设置了种种贸易壁垒，包括关税壁垒和非关税壁垒。其中非关税壁垒主要是技术壁垒，技术壁垒中，又主要是产品认证和 ISO 9000 品质体系认证的壁垒。特别是在世界贸易组织中，各成员国相互之间排除了关税壁垒，因此只能通过设置技术壁垒来保护自身利益。所以获得 ISO 9000 认证是出口国消除贸易壁垒的主要途径。我国加入世贸组织后，所有贸易都有可能遭遇技术壁垒，所以这方面应该引起企业界的高度重视，及早防范。

在现代贸易实践中，第二方审核已成为惯例，但其存在很大的弊端：一个企业通常要为许多需求方供货，第二方审核无疑会给企业带来沉重的负担。而 ISO 9000 认证可以排除这样的弊端，因为作为第一方，当申请了第三方的 ISO 9000 认证并获得了认证证书以后，众多第二方就不必再对第一方进行审核，这样，不管是对第一方还是对第二方，都可以节省很多精力或费用。还有，如果企业获得了 ISO 9000 认证，以后再申请 UL、CE 等产品品质认证时，还可以免除认证机构对企业的质量管理体系进行重复认证的开支。

国际贸易竞争的手段主要是价格竞争和品质竞争。采用低价销售的方法不仅会使利润减少，如果构成倾销，还容易受到贸易制裁，所以价格竞争的手段越来越不可取。20 世纪 70 年代以来，品质竞争已成为国际贸易竞争的主要手段，不少国家把提高进口商品的品质要求作为贸易保护的重要措施。实行 ISO 9000 国际标准化品质管理体系，可以稳定地提高产品品质，使企业在产品竞争中立于不败之地。

按照国际间经济合作和技术交流的惯例，合作双方必须在产品（包括服务）品质方面有共同的语言、统一的认识和共同遵守的规范，方能进行合作与交流。ISO 9000 质量管理体系认证正好提供了这种基础，有利于双方迅速达成协议。

（四）ISO 9001 认证证书和标志的使用规定

企业在使用 ISO 9001 认证证书和标志时应注意以下事项。

（1）ISO 9001 认证可以在各种宣传品（如宣传资料、广告、信笺及名片）上使用认证标志和认证证书。

（2）可以在人才招聘、招生宣传、合作项目洽谈等场合宣传和展示 ISO 9001 认证证书，或向需求方提供证书复印件或照片。

（3）ISO 9001 认证证书的使用必须完整，不可进行证书内容涂改。

（4）在 ISO 9001 认证宣传品上使用认可标志时，可以单独使用（标志下方需带有认证公司编号），也可以同时使用 WIT 认证标志，但应注意认可标志与 WIT 认证标志之间的排列方式。

（5）ISO 9001 认证获证企业不得在产品（包括包装箱）上使用认证标志作为产品合格的标志。

（6）在用于运输的大箱子上使用 ISO 9001 认证标志时，必须同时使用文字加以说明。

（7）ISO 9001 认证广告宣传材料中可以单独使用认证标志，但必须注明认证范围、认证标准号及年号。

四、ISO 14000 认证

（一）ISO 14000 认证的背景

现代工业发展过程中，由于人类过度追求经济增长速度，往往忽略了对环境的保护，因此一系列环境问题相继产生，例如水土流失、土地沙漠化、水体污染、空气质量下降、全球气候反常、臭氧层耗竭等，环境问题已成为制约经济发展和人类生存的重要问题。全世界各国政府都非常重视环境保护问题，纷纷制定相关标准，以保护环境资源。目前各种环境标准日趋严格，环境标准已成为绿色贸易壁垒，成为企业生存和发展必须关注的对象。零散的、被动适应法规要求的环境管理机制不足以确保一个企业组织的行为符合环境保护要求，这种机制下，企业缺乏在环保方面持续改进的动力。ISO 国际标准化组织在汲取世界发达国家多年环境管理经验的基础上，制定并颁布了 ISO 14000 环境管理系列标准。ISO 14000 认证已经成为打破国际绿色贸易壁垒，使产品进入欧美市场的准入证。通过 ISO 14000 认证的企业可以在一定程度上实现节能降耗、优化成本、满足政府法律要求、改善企业形象、提高企业竞争力。ISO 14000 已经成为目前世界上最全面的环境管理国际化标准，并引起世界各国政府、企业界的普遍重视和积极响应。

（二）ISO 14000 认证带给企业的益处

ISO 14000 认证带给企业的益处如下：

(1) 是国际贸易的"绿色通行证"；

(2) 增强企业竞争力，扩大市场份额；

(3) 树立企业优秀形象；

(4) 改进产品性能，制造"绿色产品"；

(5) 改进工艺设备，实现节能降耗；

(6) 预防污染，保护环境；

(7) 避免因环境问题所造成的经济损失；

(8) 提高员工环保素质；

(9) 提高企业内部管理水平；

(10) 减少系统性风险，实现企业长久发展。

（三）ISO 14000 认证基本要求

企业组织应建立符合 ISO 14000 标准要求的环境管理体系，在申请认证之前应完成内部审核和管理评审，并保证环境管理体系有效充分运行三个月以上。

企业组织应提供环境管理体系运行的详细信息，对于多现场应说明各现场的认证范围、地址及人员分布等情况。

企业组织建立环境管理体系后，应坚持对自身行为是否符合相关法律法规进行自我评价，并提交企业组织的三废监测报告及一年以来的守法证明，不符合相关法律法规要求时应及时采取必要的纠正措施。

ISO 14000 审核是一项收集客观证据的符合性验证活动，为使审核顺利进行，企业组织应开展认证审核、跟踪审核、监督审核、复审换证以及解决投诉等活动，做出必要的工作安排，包括文件审核、现场审核、调阅相关记录和访问人员等各个方面。

企业组织得认证后，在进行宣传时应就获准认证的范围做出申明，并遵守有关认证证书及认证标志的使用规定，在监督审核时，认证机构会对认证证书及标志的使用情况进行审核。

五、OHSAS18000 认证

（一）什么是 OHSAS18000 认证

OHSAS18000 认证是职业健康安全管理体系认证，OHSAS18000 系列标准是由英国标准协会（BSI）、挪威船级社（DNN）等 13 个组织于 1999 年联合推出的国际性标准。其中 OHSAS18001 标准是认证性标准，是组织（企业）建立职业健康安全管理体系的基础，也是企业进行内审和认证机构实施认证审核的主要依据。众所周知，在人们的活动或工作环境中，总是存在这样那样的潜在危险源，可能会损坏财物，危害环境，影响人体健康，甚至造成人身伤害事故，这些危险源包括化学的、物理的、生物的、人体工效的等方面。各种危险源引发事故的可能性和可能造成的后果即为风险，而风险可用发生概率、危害范围、损失大小等指标来评定。

（二）认证流程

第一步，企业需求分析。

第二步，咨询过程策划。

第三步，环境安全管理体系诊断，编制诊断计划，现场诊断，提出改进建议。

第四步，体系分析和初始环境评审。

第五步，基础知识培训，法律法规知识培训，管理体系文件培训，内部审核员培训，环境安全保护相关能力培训，认证准备培训，环境/安全管理专项培训。

第六步，环境安全管理业务活动划分，业务活动分析，体系整合设计，完整的文件化环境体系的设计。

第七步，文件编写指导。

第八步，体系运行指导目标与指标完成度审查，法律法规符合情况审查，两次内部审核，提出改进意见，检查改进效果。

第九步，咨询/实施效果的评价及改进，企业的书面评价，企业损失成本对比，咨询/实施方法的调整及改进。

第十步，第三方认证前准备，指导选择认证机构，提出认证申请，模拟现场审核，提出纠正措施并落实，接受正式的认证审核。

第十一步，审核通过，获得证书。

思考与练习

1. 光伏企业开展的质量认证有哪些？

2. 光伏制造企业如何开展质量体系认证？

任务二　光伏产品认证

一、光伏产品质量认证的背景

（一）国际光伏产品市场准入认证要求

（1）美洲：认证标准包括 UL1703 与 CSA1703，两者测试内容、项目、要求基本一致，但在美国不同地区又有区域要求。

（2）欧洲：主要为 TÜV 认证，通过此认证，除了能获得准入资质外，还能更好地获得银行贷款融资方面的便利。

（3）其他国家：日本主要为 JET 认证，韩国主要为 KEMCO 认证，其他亚非国家现在基本都认可 TÜV 证书。

（二）我国光伏产品市场准入认证要求

我国目前光伏产品认证要求如表 9-2 所示。

表 9-2　我国目前光伏产品的认证要求

认证范围	认证要求	认证模式
024001 晶体硅光伏组件	CQC33-471541-2009 地面用晶体硅光伏组件认证规则	型式试验 ＋工厂检查 ＋工厂监督
024002 薄膜光伏组件	CQC33-471542-2009 地面用薄膜光伏组件认证规则	
024003 独立光伏系统	CQC33-464141-2009 独立光伏系统认证规则	
024004 离网控制器、逆变器	CQC33-461232-2009 控制器、逆变器、控制逆变一体机认证规则	
024005 并网逆变器	CQC33-461239-2010 光伏发电系统用逆变器/控制器认证规则	
024006 光伏发电系统用贮能电池	CQC33-464142-2010 光伏发电系统用贮能电池认证规则	
024007 光伏组件用接线盒	CQC33-462192-2010 光伏组件用接线盒认证规则	
024008 聚光光伏模组	CQC33-462193-2010 光伏聚光光伏模组认证规则	
024009 光伏方阵汇流箱	CQC33-462194-2010 光伏方阵汇流箱认证规则	
024010 并网光伏电站的验收	CQC33-462195-2010 并网光伏电站验收规则	

（三）识别国内外常见光伏产品认证标志

国内外常见光伏产品认证标志见表 9-3。

表 9-3　国内外常见光伏产品认证标志

| TÜV 认证 | ÚV 认证 | VDE 认证 |
| UL 认证 | UL 覆盖北美认证 | CE 认证 |

MCS 认证	PV CYCLE 认证	Intertek 认证
鉴衡认证	CQC 认证	IEC 认证

　　我国光伏权威检测中心有国家太阳能光伏产品质量监督检验中心，中国质量认证中心，中科院电工所，天津 18 所，鉴衡认证中心等机构。

二、TÜV 认证介绍

　　TÜV 是德语"技术监督协会"的缩写。同我国每个省有一个技术监督局一样，德国的每个州都有一个 TÜV，而且他们都是独立运营的，比如莱茵州的 TÜV 就是莱茵 TÜV。目前 TÜV 南德意志集团（简称南德）规模最大，它是巴伐利亚、慕尼黑等四个州合并起来成立的。TÜV NORD（简称北德）也德国 TÜV 认证机构之一，在全球享有极高的市场认可度，TÜV NORD 作为独立的组织机构，已经有 150 年的历史，在安全、质量、能力方面已经是一个被全世界认可的品牌。TÜV NORD 对光伏类产品的认证有"晶硅太阳能组件"、"薄膜组件"、"聚光组件"、"盐务测试"、"耐氨测试"。南德是最近几年开始涉足光伏行业的。目前有很多企业的检测中心获得了 TÜV 授权认证，如天合光能公司。

　　TÜV 认证流程如下。

　　（1）与认证机构联系，并获得申请表。

　　（2）认证机构根据申请表内容报价后将报价单送交客户。

　　（3）客户根据报价单付款并签回协议。

　　（4）认证机构根据申请资料内容确定认证服务范围并发出服务范围确认函。

　　（5）客户根据服务范围确认函准备样品和相关技术资料。

　　（6）确认技术资料就绪后进入审查测试阶段。

　　（7）若不符合试验要求，通知申请人并说明不符合项具体试验结果。

（8）申请人改进产品设计重新效验产品。

（9）若符合相关要求，则根据测试结果出具检测报告，发出完成通知。

（10）收到通知后，根据认证机构要求购买和准备标签。

（11）在制造地进行首次工厂检查。

（12）通过检查获得使用相关认证标签权。

（13）进行定期跟踪检测服务。

工厂检查前，工厂需要准备以下文件。

（1）公司组织机构图。

（2）品质管理部门组织图和职能说明。

（3）QC人员及关键控制岗位人员清单与相关培训记录。

（4）生产工艺流程图、工艺文件。

（5）产品更改流程图或规定文件。

（6）原材料检验相关标准文件。

（7）OQC出货检验相关文件。

（8）制程（IPQC、QC、FQC）检验相关文件。

（9）设备管理相关文件（设备台账、维修方案、记录）。

（10）不合格品的控制。

三、UL认证

（一）认证机构介绍

UL安全试验所是美国最有权威的，同时也是世界上知名的从事安全试验和鉴定的机构，是一个独立的、非营利的、为公共安全做试验的专业机构。它采用科学的测试方法来研究确定各种材料、装置、产品、设备、建筑等对生命、财产的危害程度；确定、编写、发行相应的标准和有助于减少及防止生命财产损失的资料，同时开展实情调研业务。

UL是美国唯一的光伏产品国家认证机构，拥有北美最大的光伏测试实验室，可依据IEC标准评估光伏产品，核发CB证书。至目前为止，UL是全球唯一有资质为光伏产品同时核发UL和CB证书的认证机构。

（二）认证程序

（1）申请人递交有关公司及产品的资料，同时用中英文提供单位详细准确的名称、地址、联络人、邮政编码、电话及传真。

（2）当产品资料齐全后，UL的工程师根据资料作出下列决定：实验所依据的UL标准、测试的工程费用、测试的时间、样品数量等，以书面方式通知客户，并将正式的申请表及跟踪服务协议书寄给公司。申请表中注明了费用额度，是UL根据检测项目而估算的最大工程费用。

（3）申请公司汇款、寄回申请表及样品。申请人在申请表及跟踪服务协议书上签名，并将表格寄返UL公司，同时进行汇款，寄出样品，并对送验的样品进行适当的说明（如名称、型号）。申请表及样品分开寄送。对于每一个申请项目，UL会指定唯一的项目号码，在汇款、寄样品及申请表时要注明项目号码、申请公司名称，以便于 UL 查收。

（4）收到公司签署的申请表、汇款、实验样品后，UL 将告知该实验计划完成的时间。产品检测一般在美国的 UL 实验室进行，UL 也可接受经过审核的第三方测试数据。实验样品将根据要求被寄还或销毁。如果产品检测结果符合 UL 标准要求，UL 公司会发出检测合格报告和跟踪服务细则，检测报告将详述测试情况、样品达到的指标、产品结构及适合该产品使用的安全标志等。跟踪服务细则中包含了对产品的描述和对 UL 区域检查员的指导说明。检测报告的一份副本寄发给申请公司，跟踪服务细则的一份副本寄发给每个生产工厂。

（5）在中国的 UL 区域检查员联系生产工厂进行首次工厂检查，检查员检查产品及其零部件在生产线和仓库存仓的情况，以确认产品结构和零件是否与跟踪服务细则一致。如果细则中有特殊要求，区域检查员还会进行目测实验，当检查结果符合要求后，申请人才能获得授权，使用 UL 标志。

（6）检查员会不定期地到工厂检查，包括检查产品结构和进行外测检测，检查的频率由产品类型和生产量决定，大多数类型的产品每年至少检查四次。为了确保产品与 UL 要求相一致，在计划改变产品结构之前，要先通知 UL，对于较小的改动，不需要重复任何检测实验。UL 可以迅速修改跟踪服务细则，跟踪服务的费用不包括在测试费用中。如果产品检测结果不能达到 UL 标准要求，UL 将通知申请人，说明存在的问题，申请人改进产品后可以重新交验产品，并告诉 UL 工程师产品做了哪些改进。

四、CE 认证

CE 标志是一种安全认证标志，被视为制造商打开并进入欧洲市场的护照。凡是贴有"CE"标志的产品都可在欧盟各成员国内销售，无须符合每个成员国的要求，从而实现了商品在欧盟成员国范围内的自由流通。

五、IEC 认证

IEC 认证即国际电工委员会认证，其宗旨是促进世界电工电子领域的标准化，通过其成员开展电气、电子工程领域的标准化工作和有关方面的国际合作，例如根据标准进行合格评定的工作，电气、电子和相关技术方面的合作等。

六、VDE 认证

位于德国奥芬巴赫的 VDE 检测认证研究所是德国电气工程师协会所属的一个研究机构，成立于 1920 年。作为一个中立、独立的机构，VDE 按照德国 VDE 国家标准或欧洲 EN 标准，或 IEC 国际电工委员会标准对电工产品进行检验和认证。VDE 直接参与德国国家标准制定，是在世界上享有很高声誉的认证机构之一。它每年为近 2200 家德国企业和 2700 家其他国家的客户完成 18000 多个认证项目。迄今为止，全球已有近 50 个国家的20 万种电气产品获得 VDE 标志。在许多国家，VDE 认证标志甚至比本国的认证标志更加出名。

七、MCS认证

MCS是有英国政府背景的认证机构，主要为微型发电产品进行标准认证。在英国，一旦用户购买了获得MCS认证的产品，政府将提供补贴。从2010年4月起，拥有通过MCS认证的光伏发电产品的厂商可以将余下的电力卖给国家电网。作为小型发电产品的生产厂商，使产品通过MCS认证是提高销售量的必要条件。

八、3C认证

所谓3C认证，就是中国强制性产品认证。3C认证并不是质量认证，而只是一种最基础的安全认证，它是中国政府为保护消费者和加强产品质量管理，依照相关法律法规制定的一种产品合格评定制度。当前，中国公布的必须通过强制性认证的产品共有十九大类，主要包括电线电缆、低压电器、信息技术设备、安全玻璃、消防产品、机动车辆轮胎、乳胶制品等。

3C认证的主要内容如下。

（1）按照世贸有关协议和国际通行规则，国家依法对涉及人类健康安全、动植物生命安全和健康、环境保护和公共安全的产品实行统一的强制性产品认证制度。国家认证认可监督管理委员会统一负责国家强制性产品认证的管理和组织实施工作。

（2）国家强制性产品认证的主要特点是：国家公布统一的目录，确定统一的国家标准、技术规则和实施程序，制定统一的标志标识，规定统一的收费标准。凡列入强制性产品认证目录的产品，必须经国家指定的认证机构认证合格，取得相关证书并加上认证标志后，方能出厂、销售和在经营服务场所使用。

（3）根据中国入世承诺和体现国民待遇的原则，删去了原来列入强制性认证目录的医用超声诊断和治疗设备等16种产品的认证，增加了建筑用安全玻璃等10种产品的认证。

（4）国家对强制性产品认证使用统一的标志。国家强制性认证标志名称为"中国强制认证"，英文名称为"China Compulsory Certification"，简称"3C"标志。中国强制认证标志实施以后将取代原"长城"标志和"CCIB"标志。

（5）国家统一确定强制性产品认证收费项目及标准。新的收费项目和收费标准的制定根据不以营利为目的和体现国民待遇的原则，综合考虑当时收费情况，并参照境外同类认证收费项目和收费标准实行。

（6）国家强制性产品认证制度是于2002年8月1日起开始实施的，之前的产品安全认证制度和进口安全质量许可制度自2003年8月1日起废止。

九、CQC认证

CQC是代表中国加入国际电工委员会电工产品合格测试与认证组织多边互认体系的国家认证机构，是加入国际认证联盟和国际有机农业运动联盟的国家认证机构。CQC前身是成立于1984年的中国电工产品认证委员会，当时开展CCEE认证（长城认证）。2002年成立了中国质量认证中心，即CQC，是经中央机构编制委员会批准，由国家质量监督检验检疫总局设立，委托国家认证认可监督管理委员会管理的国家级的认证机构。CQC可以为光伏电池组件生产商提供"金太阳"认证。

十、CGC 认证

CGC 即北京鉴衡认证中心，由中国计量科学研究院组建，是致力于产品标准研究及质量认证的非营利机构，是目前国内唯一经国家认证认可监督管理委员会批准、授权，从事燃气具、太阳能热水器、太阳能光伏电池及电子电器部件等产品质量认证的第三方认证机构。CGC 可以为光伏电池组件生产商提供"金太阳"认证。CGC按照国家有关法律、法规和规章及有关国际公约、惯例，成立理事会，理事会由政府部门代表、社会公众方代表、认证方代表、认证机构代表等四方面的代表组成，从而进一步保证中心认证活动的公平、公正、公开。除了组建理事会外，为保证认证工作的科学性、严谨性，中心根据所具体开展的认证产品组建技术委员会，技术委员会由具体行业的专家学者组成，负责审定认证制度、认证标准，协调解决认证中的重大技术问题。

思考与练习

1. 目前光伏产品可开展的质量认证有哪些？

2. 如何开展光伏组件的 TÜV 认证？

3. 如何开展光伏组件的 UL 认证？

任务三　我国常见光伏产品的认证标准

一、太阳能光伏组件

1. 国家金太阳工程认证

晶体硅 PV 组件：GB/T 9535（或 IEC 61215）。

薄膜 PV 组件：GB/T 18911（或 IEC 61646）。

2. CQC 认证

晶体硅 PV 组件：IEC 61215:2005；IEC 61730—1。

薄膜 PV 组件：IEC 61646:2006；IEC 61730—1。

3. CE 认证

晶体硅 PV 组件：IEC 61730—1。

薄膜 PV 组件：IEC 61730—1。

二、并网逆变器

主要有：CNCA/CTS 0004:2009；GB/T 19939—2005；IEC 62116—2008；IEC

62109—1；CNCA/CTS0004：2009A。

三、离网控制器/逆变器/控制逆变一体机

1. 国家金太阳工程认证
主要为 GB/T 19064—2003。

2. CQC 认证
主要为 GB/T 19064—2003。

3. CE 认证
主要为 IEC 62109—1。

四、独立光伏系统认证要求

1. CQC 认证
主要为 IEC 61427—2005、GB/T 22473—2008。

2. CE 认证要求
主要为 EN 61427—2005。

五、光伏发电系统用储能电池

1. CQC 认证要求
主要为 IEC 61427—2005、GB/T 22473—2008。

2. CE 认证要求
主要为 EN 61427—2005。

六、接线盒、汇流箱、聚光光伏组件

1. CQC 认证要求
主要为 IEC 61730—1、IEC 61730—2。

2. CE 认证要求
主要为 IEC 61730—1、IEC 61730—2。

思考与练习

1. 光伏组件的认证标准有哪些？
2. 简述 LEC61215 标准认证内容。
3. 简述 UL1703 的标准内容。

参 考 文 献

[1]　ISO 9004 Managing for the Sustained Success of An Organization-A Quality Management Approach.

[2]　ISO 10001：2007 Quality Management-Customer Satisfaction-Guidelines for Codes of Conduct for Organizations.

[3]　ISO 10003：2007 Quality Management-Customer Satisfaction-Guidelines for Dispute Resolution External to Organizations.

[4]　GB/T 19012—2008 质量管理体系：顾客满意、组织投诉处理指南.

[5]　GB/T 19015—2008 质量管理体系：质量计划指南.

[6]　GB/T 19016—2005 质量管理体系：项目质量管理指南.

[7]　GB/T 19017—2008 质量管理：技术状态管理指南.

[8]　GB/T 19022—2003 测量管理体系：测量过程和测量设备的要求.

[9]　GB/T 19023—2003 质量管理体系文件指南.

[10]　GB/T 19024—2008 质量管理：实现财务与经济效益的指南.

[11]　GB/T 19025—2001 质量管理：培训指南.

[12]　GB/Z 19027—2005 GB/T 19001—2000 的统计技术指南.

[13]　ISO 10019：2005 Guidelines for the Selection of Quality Management System Consultants and Use of Their Services.

[14]　GB/T 24001—2004 环境管理体系：要求及使用指南.

[15]　GB/T 19011—2003 质量和环境管理体系审核指南.

[16]　IEC 60300—1：2003 Dependability Management- Part 1：Dependability Management Systems.